JN083288

ウクライナに行ってきました

ロシア周辺国をめぐる旅

嵐よういち

彩図社

まえがき

「ウ～　ウ～　ウ～」

耳元でなにか大きな音がする。時刻は夜中の2時で、俺は移動の疲れから2時間前にベッドに崩れ落ちていた。

うるさいな、なんだよと思うものの、連日の移動で今自分がどこにいるかさえわからなくなっている。最初は高校野球の甲子園で鳴るサイレンに聞こえた音が、しだいに不快な警告音に感じられた。これは只事じゃないと反射的に飛び起きて窓を開ける。向かいのマンションの灯りがつき、ホテルのスタッフが現地語でなにか宿泊客に叫んでいる。

そうだ。今、俺は戦時下のウクライナのリビウにいるのだ。鳴りやまない音は、初めて生で聴く空襲警報だった。

２０１９年12月に武漢で発生した新型コロナウイルスが流行してから、自由に海外に行くことが困難になってしまった。旅行作家である俺は〝陸に上がった河童〟状態で、無気力になってしまった。コロナがなければ、その3カ月後には取材旅に出かける予定だった。出版の企画が決まり、予算もゲットし、各地で合流する仲間も決めていて、あとは出発するだけだったのだ。さらに別の企画も決まりかけていてウキウキ状態だった。それが全部ダメになってしまった。

コロナで海外に行けない時期は毎日のように外国を旅行している夢ばかり見ていた。そして起きるとガッカリする。俺は旅中毒だったようだ。

それから約2年を耐え、2022年3月から欧州の様子が変わってきた。新型コロナ関連の制限が続々と解除されるようになり、通常の生活に戻して観光客を入れようという方針に変わってきたのだ。行ける国をいろいろ調べると、東欧の方が制限がゆるく入国しやすかった。それにまだ俺が行っていない国もある。よし、今回は東欧に決めた。

そんなことを担当編集のMに相談した時のことだ。Mを知らない人の為に書くが、鬼編集長で過去に俺を「○○が面白そうなんだけど嵐さん行かないかな」と危険な場所に送りだそうとするとんでもない男でもある。

Mは言う。

「2月にロシアがウクライナに侵攻しました。ウクライナや、その周辺国は現在、どんな感じになっているんですかね？　とても気になるので取材してきてほしいです」

ロシアは、俺も好きな国だった。２０１６年に行った未承認国家を取材する旅で旧ソ連領にも足を運び、ロシアに興味を抱いた俺は翌２０１７年、ロシアを旅した。首都モスクワ、サンクトペテルブルク、サハリン、極寒のイルクーツクなど6都市を巡り、ロシアが好きになった。

帰国後、旅の様子を綴った『おそロシアに行ってきた』（彩図社）という本を刊行し、それを読んだ読者から「嵐さんの本を読んでロシアに興味を持ちました」「ロシアに行ってきました。参考になりました」との嬉しい言葉をもらっていた。

そのロシアがとんでもないことをやらかして正直失望したし、過去に訪れて気に入った国の１つになっていたウクライナの領土を侵していることに憤慨した。ロシアに関する本も書いた手前、非常に複雑な心境になっていた。

今、ロシアの周辺国やウクライナはどんな感じなのか。Mの言葉もあり、何より俺自身も気になるので見に行ってくることにした。

今回も旅の同行者がいる。

吉田社長。彼はハンガリーとルーマニアに同行してくれる、有名なＩＴ系企業の社長でもある億万長者。節約するような旅はしたことがないそうだが、俺よりも年上でとても頼りになる方だ。

ただパスポートをよく紛失する癖があり、出発の前にも失くし、急いで再発行に出かけている。通算5回目のようだ。

フケさん。彼もハンガリーとルーマニアに同行してくれる。旅の達人で、5年前に亡くなったジャパン・バックパッカーズ・リンク代表の向井通浩さんの右腕と言われた男だ。

最後に梅田さん。彼とは今回の旅で長期間行動を共にするが、問題児だ。42歳でセミリタイアして時間と金がある。そこまで言うとカッコいいが、寝坊、遅刻、忘れ物、落とし物の帝王だ。軽い気持ちで誘ってみると「面白そうだから一緒に行きましょう」と、ついてくることになった。

今回は31年ぶりに訪れるハンガリーのブダペストやルーマニア、ブルガリア、旧ソ連のモルドバ、6年ぶりに行く未承認国家の「沿ドニエストル共和国」、ポーランド、バルト3国のラトビア、リトアニア、そしてウクライナを旅する。

旧ソ連、旧社会主義国家を巡る旅になる。戦争が起きている世界がどのような雰囲気なのか、味わってもらえたら幸いだ。

今回訪れたロシア周辺国

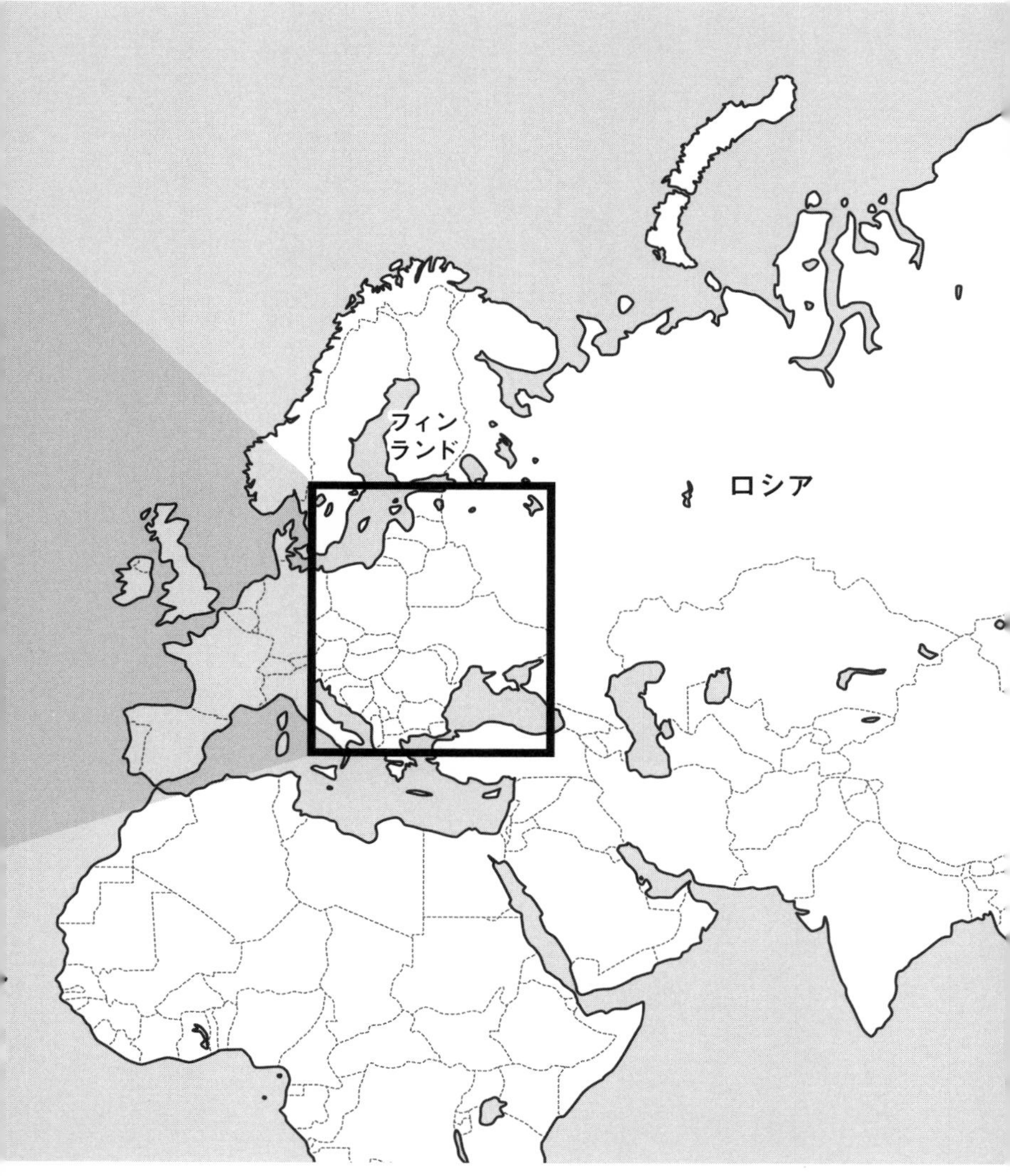

❶ウクライナ　❷ハンガリー

❸沿ドニエストル共和国　❹モルドバ

❺ポーランド　❻ルーマニア

❼ブルガリア　❽ラトビア　❾リトアニア

ウクライナに行ってきました　目次

第2章 31年ぶりの再訪『ハンガリー』

第3章 『沿ドニエストル・モルドバ共和国』

未承認国家

第4章 もう1つのルーマニア人国家『モルドバ』

第5章 国が消滅した歴史を持つ『ポーランド』

第6章　独裁者の末路『ルーマニア』

第7章 かつての独裁者を懐古する『ブルガリア』

第8章 占領された歴史を持つ『ラトビア』

第9章 ＫＧＢによる支配を受けた『リトアニア』

第1章

戦時下の『ウクライナ』に行ってきた

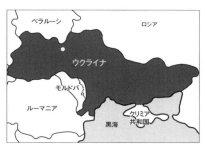

面積：60万3700km²
人口：4159万人（クリミアを除く、2021年）
首都：キーウ（※○の場所）
通貨：フリヴニャ

ウクライナに行ってみたい

「ロシア、そして国民を守るには他に方法がなかった」

２０２２年2月24日、ロシアのプーチン大統領は攻撃開始を宣言する演説でそう述べた。

彼の言い分は、親ロシア派の組織が占拠しているウクライナ東部において、ロシア系の住民をウクライナ軍の攻撃から守り、ロシアに対する欧米の脅威に対抗するための正当防衛だということだ。

ウクライナのキーウと、ロシア占領下のクリミア半島を俺が訪れたのは２０１６年のことだ。キーウは居心地の良い場所で気に入ったので改めてゆっくりと再訪する予定だったし、ロシアにも何度か訪れて魅力にとりつかれ、旅行記を刊行し、国のすばらしさを様々な媒体で紹介した。今回のロシアのウクライナ侵攻前にもいろいろな人と話し、戦争が本当に始まるのかと意見も求められた。

当時の俺の結論は「プーチンはそこまで愚かだとは思わない。戦争を仕掛けても１つも有益なことはないし、ソ連が崩壊して30年経ってここまで国が発展したのに、それを無に帰す暴挙は現実的には考えられない」だった。

裏切られた。恐ろしいことをやってくれた許せない気持ちが湧いてくる。戦争が始まって、日本にいる俺にも悲惨な状況が報告されてくる。

俺はウクライナの様子を見たくなってきた。だが俺は戦争カメラマンではないし、仕事の依頼が来ているわけでもない。遊び気分で行くわけにはいかない。調べると西部の都市リビウなら戦火から離れていて、被災したウクライナの難民がこの街からポーランドに逃れているようだ。ボランティアや報道関係の人も多く行っているようで、そのことを編集Mに伝えると真剣な顔で言う。

「行ってきてほしいですが、くれぐれも気を付けて無理は絶対にしないように。嵐さんは戦争カメラマンではありません。旅行作家ということを忘れないでください。そして情報はしっかりとってくださいね」

入国できるのか？

さて、俺のような一般の旅行作家がウクライナに入国できるのであろうか？　とりあえず、2カ所からウクライナに入国しようと考えてみた。ポーランドのクラクフからリビウまでと、ルーマニアのシゲット・マルマツィエイ（以下、シゲット）から川を挟んだ対岸のウクライナの小さな村までだ。その前にウクライナへの入国が可能なのか、情報収集をしなければならない。そこで、俺の友人であり写真家の児玉浩宜さんに話を聞くことにした。彼はそれまで2回にわたりウクライナを取材して、テレビでも現地から報告していた。

戦争中の現在でも日本人はビザなしで入国できるが、外務省は渡航を止めろと伝えている。心配なのでそのことを尋ねてみる。

「入れますが、ポーランドから入国の場合、別室に連れて行かれて尋問されると思います」

児玉さんによると、ウクライナ側はロシア側の諜報員やスパイが入り込むのを恐れており、許可書を持っていない人は尋問されるとのこと。児玉さんはプレスカードと取材許可書を持っていて、ボランティアで入国する人もなにかしらの証明書はあるはずだ。

ウクライナの田舎町では東洋人が目立つのか、児玉さんが取材をしていると市民に通報され、警察や軍から尋問を受け連行される経験が何度かあったという。

「荷物検査やら写真の中身を見られましたよ」

東洋系のロシア人も多いのでスパイや諜報員と勘違いされたようだ。ちなみにリビウは報道関係者やボランティアが多く、写真も街中で普通に撮れるし、緩いらしい。

「そういえば嵐さん、ロシアに何回も行っていますが、ビザはまだ貼られていますか？　ロシアビザがあったら面倒みたいですよ」

俺は過去に何回もロシアに行っていて、そのたびにパスポートに貼られるビザが増えていたが、運の良いことにコロナ騒動の直前にパスポートを更新していて真っさらになっている。

「俺はどうやって入国するといいでしょうか？」

「今はわからないですが、僕が取材した（２０２２年の）３月と5月は厳しかったですよ。別室で中身を全部見せたりしました。でも疑われなければ日本人だし入れるとは思います。実際は行ってみないとわかりませんが」

俺がウクライナに入国しようとしていたのは、２０２２年7月のこと。状況は日々変化しており、結局のところ出たとこ勝負でどうなるかわからないが、これは行けると確信した。

あとは入国の目的を聞かれたらどうするか。それも児玉さんに相談した。

①「ボランティアに興味があるので来ました。できれば手伝おうと思っています」

↓児玉さんによると最も良い方法のようだ。

②「フリーのライターで本を書いているので取材で来ました」

↓嘘偽りない事実だが、書いている本のPDFを保存して見せる必要があり、本当にその著者なのかと、証拠を提出させられそうだ。

③「リビウだけ3日間、観光しようと思います」

↓これも間違いではないが、突き返されないかと心配だ。

様々な応答を想定して、児玉さんは最後に言った。

「リビウだけなら大丈夫だと思いますよ。ただ情報収集は怠らないで、危険になったら行かないでくださいね」

ルーマニアからウクライナにGO

2022年7月3日、ルーマニアのシゲットに俺、吉田社長、フケさん、梅田さんの4人はいた。俺は最初からウクライナに入国するつもりだったが、フケさんと梅田さんは当然ながら慎重になっていて、「現地に行って大丈夫そうだったら行きます」と言う。吉田社長はというと「俺、会社の皆にウクライナに視察してくるって言ってしまったので行きたいよ」と行く気満々だ。

これから行こうとしているウクライナ側の村は、特に何もない所らしく、首都のキーウからも離れている。戦争中に不謹慎なたとえをして申し訳ないが、日本の北海道、東北で戦争が行われているとしたら、この村は鹿児島の田舎のような場所なのだ。だが警戒を怠るわけにはいかないので、情報は常に収集して、少しでも危険を感じたら俺以外の3人は行かせないようにした。

まず、ルーマニア側の国境まで行って聞き込みをする。国境には人が大勢いて、レストランもあってビールを飲む人の姿が見える。難民用のテントが4つぐらいあるが、中を覗くと食料や子供の玩具、毛布などがあるだけで人の姿はない。ロシアのウクライナ侵攻が始まった直後は大勢の避難民がこの国境に逃げてきて、俺たちの泊まっているホテルのオーナーは無料で避難民を宿泊させていたようだ。

国境警備兵にフケさんが近づいて聞く。

「私たち日本人は普通にウクライナに入国できますか？」

「日本人ならパスポートだけで入れるけど目的は？」

「日帰り観光です」

「大丈夫だよ」

なんでそんなことを聞くんだよという態度だ。そもそも東洋人がこんな田舎の国境を使わない

左に並んでいるのが難民用の仮設テント。奥に見えているのがイミグレーション

だろうし、キーウやリビウの都市に陸路で入るとしても、ここからの入国は不便で一般的に使わない。それに田舎なので空爆などは全く想定していないのだろう。この国境警備兵の態度を見て、俺たちは入国できるという手ごたえを得た。

6年前のキーウでの一番の想い出は飛び降り

ウクライナへの入国を間近にした頃、吉田社長がおもむろに俺に言う。

「嵐さん、以前キーウに行ったって言ったじゃない。その時の一番の想い出はなに?」

質問を受け、6年前の苦い思いが瞬時に出てきた。キーウは治安が良いし、物価も安くて落ち着く街だが、1つだけ思い出したくないことがあった。

当時、俺はチェルノブイリ原発ツアーに行くのを一番楽しみにしており、ネットで申し込んで集合場所もあらかじめチェックしていた。早朝6時40分に部屋を出たが、宿の受付には誰も人がいない。受付を抜けて階段を下り、宿が入っているビルのドアを開けようとすると……なんと開かないのである。外から開かないならまだわかる。だが、内側から開かないとは一体どういうことなのか？　何度も押したり引いたりしたがビクともしない。

一旦、宿に戻るもののスタッフはいないし、「スタッフルーム」と書かれている部屋をノックしてみるが、人がいる気配がしない。宿のスタッフがいないという理由で外に出られないことなどあるのだろうか？　他の旅行者が起きてしまうかもしれないという罪悪感と戦いながら大声でスタッフを呼ぶが、返答はない。夜中ならまだしも朝7時である。なぜ誰もいないのか。

このままだとツアーに参加できず、デポジットも戻ってこない。翌日は移動なので、この日しかチャンスはない。つまり生涯悔いが残ることになる。

時間は刻々と経過し、もはや力任せにドアを破るしかないか……と思いながら階段を下りている時、窓があることに気が付いた。開けてみると眼下には屋根があり、ハトの死骸が2羽見える。

外には廃品回収の人が3人いるが、俺の存在には気がついていないようだ。2階の屋根に降りて下を見る。思っていたよりも高い。死ぬことはないが下手すると骨折しそうだ。俺はこの頃ずっと足の調子が悪く、前日もチェルノブイリツアーに集中するために1日中、部屋で安静にしていたのだ。俺も若くないし、ここで病院送りになったら取材旅行は中止、本の出版は延期で迷惑をかけ、その他の仕事先にも信用をなくしてしまう。止めるべきか……。

その時、信じられないことが起きた。俺をキーウに行かせてくれた編集Mの顔が地面に映って見えたのだ。彼の顔は喜怒哀楽を浮かべず、静かに俺を見つめていた。やるしかない。もう迷いは吹き飛んだ。飛び降りるしかない。よし、気合だ。

「イテえ！」

着地の瞬間、思わず口をついて出た。左足首に激痛が走り、少しうずくまる。立てるだろうか。作業をしていた廃品回収の人たちが俺の方を見ている。このままだと面倒なことになるだろう。怪しい東洋人が建物の2階から飛び降りたのだ。彼らに詰め寄られても、警察を呼ばれても、いずれにせよ時間を取られている間にツアーがスタートしてしまう。俺は慌ててその場を離れた。

ツアーには間に合い、翌日にジョージアに移動したが、飛び降りた影響からか2日後に足が痛んで取材に支障をきたしてしまった。そんなキーウの苦い思い出である。

ルーマニアとウクライナ国境の橋はボロボロだった

緊張の入国審査

俺たちは17時半にルーマニア側国境に到着した。7月のウクライナは21時過ぎまで明るい。

まずはルーマニア側で何も問題なくスタンプを押される。そして国境のティサ川に架かる古くてボロい橋を歩いて渡る。

木材で造られた橋を進んで行くが、よく見ると小さな釘が飛び出していて危ないのでサンダルを履いている吉田社長に注意する。広くもないのに車も通るらしく、端に寄らなければならない。反対側からはウクライナ人らしい女性が10人ぐらい歩いて来ており、俺たちの後ろには家族連れの人もいて、往来は普段から多そうだ。

国境に架かる橋を歩くときはなぜかいつも心がウキウキしてくる。

橋を進むとウクライナ側の入国審査がある。大丈夫だと思うが、少し緊張してきて喉が渇き、水を飲む。はたして本当に問題なく通れるのか。奥にある建物には軍服を着ている若い兵士がいてこちらを見ている。別室で取り調べなどされたら面倒だ。

入国審査をするのは軍服を着た女性で、フケさんが最初に受ける。この時、ハッと思い出した。確か、フケさんはロシアのマルチビザを持っている。そのビザは一度審査に通れば新たなビザを取得することなく何回でも自由にロシアに入国できるもので、一般の日本人で持っている人はかなりの変人かロシアマニアだろう。それに入国スタンプもたくさん押されている。これは厄介かもしれない。

「なぜロシアのマルチビザがある?」

「何の目的でロシアに行っている?」

案の定、女性係官から質問攻めをされている。だがフケさんは、そんな質問は想定していたようで上手く答えて切り抜ける。やはり児玉さんの言う通り、ロシアに入国した証拠があるとややこしいようだが、それほど厳しいものではなく荷物検査もなかった。続いて吉田社長が、その次に俺の番になった。前にいた2人が問題なかったので俺は気が楽だった。

「行く目的は?」

「日帰り観光です」

女性係官は笑いながら答えた。

「珍しいわね。他の人と一緒ね?」

「そうです」

簡単な受け答えをしてスタンプを押してもらい、足を進めて見上げると、ウクライナの旗が頭上ではためく。国旗の空色と黄色の2色は、青空と、大地を染める小麦と農業を表している。ウクライナに入国するのは6年ぶりで、嬉しさがこみ上げる瞬間だが、まさかこんな形で国境を越えるとは思っていなかった。

先に行っていたフケさんと吉田社長が待っている。その横には銃を持っている兵士がいて、俺に「紙を渡してくれ」と言う。

「紙?　なにそれ?」

「紙を渡してくれないと、ここから先は通せないよ」

そんな紙は入国審査でもらっていないし、一体何を言ってくるのかと思っていると、後ろから梅田さんがやってきて「嵐さん、紙を忘れていますよ」と小さな紙を渡してくれた。俺はもらい損ねたようだが、この紙はどうやら国境の検査を問題なく終えた証拠で、すり抜けを防止しているらしい。紙を渡すと若い兵士が笑って言ってくれた。

「ようこそ、ウクライナへ。楽しんでね」

ウクライナの歴史

ウクライナの領土は東をロシアに、西を欧州連合（ＥＵ）の国々に挟まれている。人口は戦争が始まってから流出などがあるものの、戦争前までは約４０００万人いた。面積は日本の約１・6倍、耕地面積も豊富で小麦などがたくさん獲れるので「欧州のパンかご」とも呼ばれ、今回の危機で欧州の食料にも影響が出ている。

9～13世紀頃、キーウ（キエフ）を中心都市とする「キエフ・ルーシ」という国が存在した。今のウクライナとロシアなどにまたがる地域にあった国で、同じ東スラブ民族からなるロシア、ウクライナ、ベラルーシの源流になった。一時は欧州最大の面積を誇る大国だったが、13世紀のモンゴル軍の侵攻などでキエフ・ルーシは衰退、その後に栄えたモスクワ公国がロシアを名乗り、キエフ・ルーシを継ぐ国になった。因みに「ルーシ」とはロシアの古い呼び方だ。

その後のウクライナは様々な国に支配され、1922年にソ連が誕生すると、それを構成する共和国の1つになった。1930年代にはソ連、いや、スターリンの政策によって大飢饉が起きて数百万人が亡くなったと言われている（ホロドモール）。収穫した穀物は政府に徴収されて外貨を獲得する為に国外に輸出された。

だが国内消費が不足するほどの輸出量で、国民のことを一切考慮せず、ウクライナのことを「穀物生産地」としか考えていない政策だった。悪いことに天候不順も重なってしまい、生産量も激減。それでもスターリンは輸出を続けていた。それは完全な失策で、尊いウクライナ人の命を奪った。

1986年にはキーウから北に100キロあまりに位置するチェルノブイリ原発で事故が起き、広範囲で人々に深刻な健康被害をもたらした。俺は先述の通り2016年にチェルノブイリ原発ツアーに参加したが、驚いたのは今回の戦争でロシア軍がチェルノブイリ原発を占拠した際に、周辺で塹壕を掘り被爆したことだ。放射能が残っていることも軍部は知らなかったのか、唖然とした。チェルノブイリ原発事故で被爆した人はソ連政府から最低限の補償を受けていたが、ソ連崩壊後はウクライナがそれを引き継ぐものの、お金のない国なので補償もままならず気の毒で仕方ない。

ウクライナはソ連が崩壊した1991年に独立を宣言して、その後は国内で親ロシア派と親欧米派が対立していた。

ウクライナ国内にはロシア系の住民が2割もいてロシア語を話す人も多くいる。ウクライナ語とロシア語、両方の言葉が話せる知り合いによると、2つは文法的に似ているけど語彙に違いがあるようだ。ウクライナとロシアの関係はいわば兄弟、親戚というとても近い関係だ。

静かな駅舎

ウクライナに入国した我々は近くにある雑貨店に入る。通貨はルーマニアのレウとウクライナのフリヴニャの両方が使えるが、レジで両替もしてくれるそうなのでここでフリヴニャを手に入れた。

ルーマニアと国境を接するこの村はソロヴィーノという名で、ティサ川の右岸にある。名前は近くの塩鉱山に由来しているらしい。周辺の道は1本道で、店やレストランが数軒あるが日曜日のためか人通りがほとんどいない。

ソロヴィーノはルーマニアよりもかなり物価が安く、6割ぐらいだろうか。雑貨店でタバコやお菓子、飲み物をたくさん購入する。若かりし貧乏旅行時代からの癖で、俺とフケさんはこのよ

ソロヴィーノの駅舎。ここから首都キーウまでの電車が出ている

うな時になるとはりきって買い物してしまう。吉田社長は「ウクライナ支援だ」と言って、充電器や雑貨を購入して金を落としている。

物資を整え、田舎道を進んでいく。時おり人とすれ違うと、俺たちをジロジロと見てくるが悪意は感じられない。単に珍しさから来る視線だった。

もっと進むと駅舎が見えたので、歩いて行ってみることにした。中を覗くが、人の気配は感じられない。長いホームと、どこまで続いているかわからない線路を眺める。駅に貼られている時刻表を見ていたフケさんが言う。

「嵐さん、この田舎の駅からキーウまで電車が通っていますね。繋がっていたのですね」

こんな田舎の駅でもキーウ行きの電車が通っ

ているのはなんだか不思議な感じもする。２０１６年にキーウを訪れた時は、街を散策して旧ソ連の団地を眺め、物価も安いので5日間ノンビリしていた。あの美しい街が爆撃された惨状を思うとやり切れないものが込み上げてきて、このまま電車に乗ってキーウに行ってみたい衝動に襲われた。だが、今回はそこまで深入りはできない。

駅舎には売店などないし乗客も皆無で駅員もいない。時間になれば来るかと思ったが来ない。そうしていると俺たちの声を不審に思ったのか、駅舎から60歳ぐらいの無表情の男性が出てきて、俺たちを見ながらタバコを吸い出した。どうやら泊まりの駅員がいたようだ。俺たちを歓迎していないのが彼の表情からわかり、変な空気にもなったので立ち去ろうとした。

すれ違いざまに俺は男性に声をかけるが完全に無視される。寝ていたのに俺たちの声で起こされ、出てみれば得体のしれない東洋人４人組がいて気分は良くないのはわかる。俺は最後に振り返って手を挙げて挨拶すると、男性はムスッとしながらなぜかウインクをしてきた。

暴走タクシー

夜の8時を過ぎて少し暗くなってきたので、ウクライナを出てルーマニアの宿に戻った。

プールや池、ホテルなど、観光客で賑わう施設がソロヴィーノにあると知り、ウクライナの田舎にどんなリゾートがあるのか興味を持ったので俺たちは翌日行くことにした。

前日と同じ手続きを国境で終え、ウクライナ側に入る。1回、出入国審査をやると気が楽だし、全然緊張感がなくなるから不思議だ。

近くの雑貨店でタクシーを呼んでもらい、俺たちはそれまで外でくつろいでいた。

10分後、ボロボロの車がやってきた。タクシーのマークはついていない。運転手は60歳過ぎの男で年相応のゆったりした雰囲気があり、英語は全く話せない。しかし、タクシーに乗り込んで目的地を告げた瞬間、男は人が変わったように信じられない猛スピードを出し始めた。こんなにボロボロの車はルーマニアでは走っていないし、交通規則も無視しているので怖い。どうしてエンジンをかけた瞬間にこのような凶暴な性格に変貌してしまったのだろう。

「大丈夫ですかね？」

梅田さんも心配そうだ。運転手は俺たちがスピードに驚いていると思ったのか、「お〜や〜」とわけのわからない声を発して調子に乗ってきている。なんでこんなに楽しそうなのか。

走っていると車から「キュルキュル」と変な音がしてくる。

「バッテリーが上がったままだ！　大丈夫かな」

と吉田社長。それを合図にしたかのように、「プ～」という間抜けな音を鳴らして車は止まってしまった。マジかよ。運転手は車を降りて押しながらエンジンをかけようとしており、俺たちも降りて手伝うがかからないようだ。こんなボロ車でタクシーの仕事をするとは一体どうなっているのだ。

彼はすまなそうにジェスチャーで「もう無理です。走れません。ごめんなさい」と言うので、俺たちは金を払ってそこから歩いて施設に向かうことになった。こんな事態になってしまったが、皆、運転手に怒るとか呆れるとかの感情はなく「なんだかわからないが仕方ない」としか思わなかった。

少し歩くと、日本のビーチ周辺でも見るような水着や帽子、浮き輪、その他の玩具、お土産などが並ぶ一帯に入った。プールもあるし、リゾートホテルでは優雅に日光浴を楽しんでいる人の姿も見える。こんな光景を見ていると、この国で現在、本当に戦争をしているのかと変な感覚に陥ってしまった。

塩の池に浮かぶ男たち

施設の入口には若い男がいて、入館手続きをする。まずシャワーとトイレをチェックしたが、古くて汚い。リゾートホテルが併設され、レストランやプールでは客が楽しそうにしている。塩の池は元塩鉱山に空いた穴に水を入れたものらしい。

イスラエルとヨルダンの国境にある死海のように、この施設にある池は塩分濃度が高くて水に浮かぶようだ。さっそくTシャツを脱いで入ろうとしたが、池まではデコボコの砂利や石の道なので、裸足の足の裏が痛い。俺はそんなことは気にしないのだが、現地の人には信じられないようで、俺のことをジロジロ見て足に目をやりながら何か話しかけてくる。よほど珍しい行為のようだ。

池に近づく。最初の感想が「汚い」だった。濁っていて、川や海と繋がっているわけではなく、プールのように水を取り替えたり循環しているわけではない。塩鉱山の後を利用してリゾートにしようと考えたのはいいが、菌も繁殖していそうだ。とは思うものの、水に入ってみるとやはり浮かぶので面白い。海では味わえないこの浮遊感覚は、かなり楽しい。横で子供と遊んでいる現地女性と目が合うと、ジェスチャーで「水を顔にかけてはいけない。潜るな。目をここでは擦らないように。痛くなって大変だよ」と忠告してくれた。

俺はデッキチェアに戻って皆の写真を撮っていたが、３人がプカプカと浮かんでいる姿は滑稽

浮かぶ梅田さん

だ。梅田さんは浮かぶのが好きなようで、ブダペストの温泉施設でも「梅ちゃん、ずっと気持ちよさそうにプカプカしていたよ」と吉田社長が笑いながら教えてくれた。なるほど、たしかに梅田さんは今もクラゲのごとく自然に浮かんでいて気持ち良さそうだ。

テンションの高い国境警備

施設でそれなりに楽しみ、車を呼んでもらうとワゴン車がやってきた。数分走ると、一軒の家の前に停まった。誰かをピックアップするようだ。乗ってきたのは綺麗な女性と、7歳ぐらいの男の子、そして女性よりも若い20歳ぐらいの男性3人組だ。話をしてみると女性と男性は英語が達者で、３人は普段ルーマニアに住んでいるが、頻繁に国境を越えて実家に帰っているそうだ。戦時下のウクライナでは18～60歳までの男性は国外に出てはいけないので、男性はウクライナ国籍ではないのかもしれない。３人は国境まで行くようだが、俺たちはレストランに行きたかったので途中で降ろしてもらう。

おそらく村の中で一番大きいと思われるレストランに入る。他の客はいないが、俺たちが珍しいのかスタッフがジロジロと見てくる。メニューを見ると、タイ料理や日本食も置いてあるようだ。こんな田舎にも日本食があることに驚いた。俺たちはボルシチ、ウクライナ料理の揚げ物、焼きそば、みそ汁などを注文した。みそ汁はお茶漬けみたいで微妙だったがどれも美味しく、スタッフも皆いい人だった。

食事を済ませて国境に向かう。ウクライナ側の出国審査を終え、橋を渡って次はルーマニア側の審査だ。すると流暢な英語で話しかけてくる国境警備の男がいる。

「あれ～、皆、日本人？　珍しいな、ここで見たのは初めてだよ」

彼はドイツ人で、ボランティアで来ているようだ。

「ウクライナの田舎で何してきたの？」

日帰り観光で浮かぶ池のある施設に行ってきたと説明する。

「あそこは行ったことあるけどいいね。それにしても日本人がまさかこの場所にいるとは驚いたね」

国境でこんな軽い雑談を交わす。紛争地帯からかなり離れ、平和な国境なので毎日退屈なのかもしれない。俺たちの登場は彼の刺激になったようで、少し興奮していたようだった。きっと酒の席で俺たちのことを話題にしていることだろう。

緊張するクラクフからリビウへの移動

一旦ルーマニアを離れ、ポーランドの古都であるクラクフからウクライナのリビウに移動する前日（2022年8月3日）、俺は変な精神状態に陥った。戦地により近いリビウに行くのが怖いわけではなく、無事に入国できるか心配なのと、ずっと行きたかったリビウの街を想像すると、武者震いに近いものが俺の感情を揺さぶり、精神をコントロールするのが難しくなってきた。写真家の児玉さんに連絡してその旨を伝えると、

「ミサイルは飛んでこない場所ですし、今は入国できると思うので心配しないで楽しんでください」

と優しい言葉が返ってきた。

クラクフのバスターミナルは近代的な駅ビルに隣接している。バスは9時20分発なので30分前には到着したが、ゲートを示す電光掲示板は20分前にならないと表示されないらしい。20分前になりゲート番号が点滅するが、行先がローマ字ではなくキリル文字で書かれているので正直どこなのかわからない。インフォメーションには人がおらず少し焦ってしまうが、目の前にいた男性にチケットを見せて助けてもらった。

これからリビウに向かう。少し緊張している

ゲートまで行くとバスは来ていなかったが、乗客が大勢いた。ほとんどが女性だ。バス乗り場を確認するために近くにいた女性にチケットを見せると「ここで待っていればリビウ行きのバスは来ますよ」と教えてくれる。

そのうちバスが来て、出発時刻の5分前にはほぼ全員がバスに乗り込んだ。満席のようだが隣の席は運のいいことに空いている。このバスは狭いので嬉しい。と思ったのもつかの間、右斜め前にいた白人男性が運転手に促されて俺の隣に座った。ぬか喜びだったうえに、この男は大柄な体型で俺の席を狭くさせてしまう。どうやら彼の元々の席は、上からエアコンの水が垂れてきて俺の隣に避難してきたようだ。彼は座るなり、

「すみません。携帯電話の充電ケーブルを忘れてきたのですが持っていますか?」

と尋ねてきた。充電ケーブルを貸し、ついでに軽く言葉を交わす。彼はドイツ人でボランティアをするためにリビウに行くようだ。

「君もボランティアなの?」と聞かれたので「観光」と答えると渋い顔をして「マジか……」と呟いていた。彼は礼儀正しいが真面目というか無口なので、会話はほぼそこで終わった。

国境審査

3時間ほどバスは走り続け、ある建物の前で停止した。どうやら国境に到着したようだが、ポーランドとウクライナの国境はたくさんある。はて、どこなのだろうか?　スマホのマップを見るとそこは「コルチョバ」という聞いたこともない地名が示されていた。

乗客全員が降ろされる。そこで出国手続きをすると思ったが、どうもただのトイレタイムらしい。用を足してバスの前に戻ってもどうしていいかわからない。隣の席のドイツ人も困った様子で俺に聞いてくる。

「聞きたいのですが、この場所で入国審査するのではないのですか?」

「俺も初めてでわからないよ」

「あ、そうでした」

「たぶん、ここはトイレだけで、バスで移動してから入国審査をやると思うよ」

確実なことはわからないが、そう答える。その後、彼に話しかけても会話が続かない。何を考えているかわからない男だ。こんな状況下だったら普通、お互い心細いし情報も少ないのでいろいろと話すものなのに。

再びバスに乗り込むと直ぐに停止した。運転手がパスポートを出すように指示を出し、ポーランド側の女性係官がバスに乗り込んでパスポートを集めた。季節は夏、エンジンを止めているバスの温度がそうしている間にどんどん上昇してくる。暑くて気分が悪くなりそうだ。

数分後にまた係官がやってきた。これは外国人に対する質問だと直感した。車内に外国人は４人いるようで、まず俺の前にいる70歳位の白人男性に係官はなにやら言っている。だが、彼は書類をたくさん見せて説明していて、もしかしたら国連や政府機関の職員なのかもしれない。俺は何も公的な書類は持っていないため、一抹の不安が襲ってくる。こんな場所で降ろされたら、どうやってクラクフに戻るというのか。そして係官は俺に拙い英語で言う。

「いくつか質問いいかしら?」

この女性係官は英語が苦手のようだ。目を上にあげて考えるように会話をする。いざとなったら早口の英語でまくしたてて誤魔化そう。

「ウクライナに入る目的は?」

「観光です」

「キーウに行きますか?」

「リビウに3日滞在して直ぐにクラクフに戻ります。帰りのチケットを見せましょうか?」

「それは大丈夫です」

あっけなく行ってしまった。その後も暑い車中で30分も待機させられ、外に出られたので出てみるが、風が通らないのでこっちもきつい。バスはその後少し移動して、いよいよウクライナの入国審査だ。少し緊張する。これもバスの中で女性係官がパスポートを集めに来て、外国人だけに質問があるようだ。

係官が隣のドイツ人に質問する。

「滞在目的は？」

彼は緊張しているのか手が少し震えていて、顔を見るとかなり強張っているではないか。先ほどから不愛想だったのは、入国審査の緊張からくるものだったのかもしれない。

「ボランティアで来ました」

そう答えて彼はカバンから書類を出そうとしたが、係官は「それは大丈夫です」と言う。

いよいよ俺の番だ。何を言おうかと頭の中がグルグルしてきた。「①作家、②フリーのジャーナリスト、③ボランティアに興味があって見にいく、④リビウだけ３日間観光」……。

と、身構えたのも一瞬のこと、係官はドイツ人の隣に座る俺もボランティアの仲間だと思ったようで、質問もなくスルーされた。ドイツ人は俺の顔を見て微笑んだ。

バスを降りて、パスポートを返してもらうまでここでまた待機しないといけないようだ。座って休んでいると、若い白人男性が話しかけてきた。

「お～い、君はどこから来たんだね？」

「日本の東京から来ました」

「え～驚いたよ、そんなに遠くから来る人がいるんだね」

彼はオーストラリア人でリビウに親戚が住んでいて過去に何度も訪れているようだが、侵攻後は初めてとのことだ。

「ボランティアで行くの？」

「リビウだけ3日滞在して観光しようかと」

「わ〜お。凄いね。僕は驚いたよ。東洋人なんてバスに乗ってないと思っていたのに見かけたから、つい声をかけてしまったけど、東京も行ってみたいね」

話の中で、俺は自分が本を書いていてと説明すると「それはいいね」と言ってくれた。

「リビウなら大丈夫だと思うし、街はそれほど大きくないから3日で充分すぎるね。僕は1日半滞在したら物騒な国を出てポーランドに戻るよ」

彼は日本人の俺を見て驚いていたが、俺の方もまさかここで親戚を訪ねるオーストラリア人に出会うとは思わなかった。

さらに30分待機してパスポートを返してもらい、バスはリビウに向かって出発した。ホッとして嬉しい気分と共に、ウクライナの時間に合わせて時計を1時間進めた。

リビウに到着

入国審査を終えたバスは終点のリビウ駅に到着した。駅の周りにはボランティアの人たちが食事を提供しているブースがある。避難民のテントもあり、中でくつろぐ人々の姿も見える。時刻は15時半、嬉しいことに予定よりも1時間早く到着した。

宿は駅から歩いて7～8分と遠くない場所にとっていた。２０２２年10月にリビウにミサイルが落とされて街の９割が停電になったことがあるように、俺が到着した途端に空襲警報が鳴って街がパニックになっていることも想定された。だからどんな事態になってもいいように、宿を予約した後、ストリートビューで駅からホテルまでの道を頭に入れており、迷うことなく到着した。

宿は中庭のある小さなホテルで、一泊４０００円。スタッフの中年女性は優しい人でいろいろと質問をしたかったが、英語が苦手のようで話は聞き出せない。部屋に荷物を置いて、すぐに街に出かけることにした。

「リビウ」はライオンという意味で、13世紀頃、キーウ大公ダヌィーロ・ロマーノヴィチの子レーヴから都市の名が付けられたようだ。それゆえか、市内にはライオンのモチーフがたくさん見られた。街を歩いていると、兵士の姿が多く見える。恋人と2人で歩く姿もあり、これから紛争地に行く彼氏とはしばらくお別れになる。平和であればデートは2人が破局するまで続けられるが、彼らのデートはこの一瞬だけかもしれない。そう思うとなんだかしんみりとしてしまう。

しばらく歩くと公園があり、ＵＦＯのような形をしたサーカス会場がある。共産主義時代の建造物は普段見慣れているものとかけ離れていて、見るだけで楽しい。街並みと市民の顔は、やはりロシアと似ている。30数年前まで同じ国だったのだから当然といえば当然だ。

元々は社会主義に参加する共和国が15も集まって、ロシアを中心としたソビエト社会主義共和国連邦になった。ウクライナはその15ある構成国の1つだった。15の共和国は１９５６年から１９８９年まで存在し、現在の国だとロシア、ウクライナ、ベラルーシ、ウズベキスタン、カザフスタン、キルギス、タジキスタン、トルクメニスタン、ジョージア（グルジア）、アゼルバイジャン、アルメニア、モルドバ、リトアニア、ラトビア、エストニアとなる。このうちの９ヵ国を訪れたが、ほとんどの国でソ連時代の建物が残りロシア系住民が住んでいた。

ソ連が崩壊したことでウクライナは独立、その後は親ロシア派政権になったこともあるが、２０１９年からのゼレンスキー政権は親欧米でＮＡＴＯへの加盟を目指している。それはロシアにとっては許せないことだった。何とか武力で排除し、ロシアに従順な国に変えてしまいたいのだ。しかし、戦争の代償の大きさを考えれば、プーチンが理性的に「攻撃」を選んだかどうかは怪しい。イエスマンしか周りに置かず、誰も反対する者がいなかったことの方が危険だ。

戦時中とは思えないほどのどかだったリビウの街並み

紫の煮卵に驚く

街中の散策が楽しくて仕方ないが、次第にお腹が減ってきた。時計を見ると18時近い。今日は朝飯を食べてから水分以外腹に入れていなかったので腹が減ってもいい頃合いだ。

どこか適当に食べられる場所を探していたが、マップに書かれているベトナム料理、チャイニーズレストラン、寿司バーなどはことごとく閉店していた。コロナで人が減り、それだけでも大変なのに戦争が始まり、東洋人の経営者は店を畳んでしまったのだろう。

すると、店の外に出ているテーブルでラーメンを食べている人の姿に目がいった。店名は「ラーメン・モウ」。どう考えてもウクライナ人が経営していると思うが、若者で賑わっていて店内もお洒落だ。失敗を覚悟で中に入ると、若い女性スタッフが丁寧に応対してくれた。チキンが乗っているラーメンを注文してみる。餃子やチャーハンはメニューにない。

少ししてラーメンが運ばれてきたのだが、見た目が衝撃的だった。なぜか紫の煮卵が乗っていて、少し紫色がかったスープに麺が入っており、その上に崩した肉みたいなものと海苔、コーンが乗っている。見た目はあまり食欲をそそられないが、俺の前にいる人は満足そうに箸を使って食べている。ボルシチの中に麺を入れて、具材をトッピングしたものと思えなくはないか。

一口食べてみると、スープはいたって普通のラーメンのそれで美味しい。欧米の人は熱いのが苦手なので全体的に少しぬるいとは感じるが、煮卵は見た目に反して美味しく、味も普段食べているのと変わらない。麺は普通だった。知り合いの日本人新聞記者がたまたま翌日に同じ店を訪れて俺と違うものを注文したが、彼も美味しかったと言っていた。ちなみに彼はキーウでもラーメン屋に行ったところ、同じように紫の煮卵がトッピングされていたという。店の人に聞くと、卵をビーツに浸けて紫色にしているそうだ。

麺、スープ、煮卵はいいが崩した鶏肉が最悪で、食感も悪いし塩辛く、ラーメン全体のバランスを崩している。残ったスープにその塩分が移り、スープを飲み干すことは困難だった。おまけに全体量が少ないし物足りなかった。

空襲警報

空襲警報が鳴ったのはその日の夜だった。

夜中の2時に鳴るサイレンが空襲警報だと気付いたときは驚いたが、まもなく警報は止んだ。入国初日の夜ということもあり、疲れているので一安心して再び眠りについてまもなく、再び空襲警報で起こされる。先ほどの警報がやんでから20分も経っていない。これはただ事ではなく、空からロシア空軍の爆撃かミサイル攻撃でもくるんじゃないか、そんなことが頭に浮かぶが、このホテルにはシェルターは無さそうだし逃げる場所はない。運に任せるしかない状況にもかかわらず、不思議と怖さはなかった。

5～6分ほどして空襲警報は止まったが、体が興奮してしまったようで寝られなくなった。強い酒でも飲みたいけれどこんな時間に店は開いていない。やむなく部屋にとどまった。

翌朝、フロントでオバちゃんに空襲警報のことを聞こうとしたが、やはり言葉が通じないし、なんか頻繁にあるようで気にしていないみたいだ。カメラマンの児玉さんによると、彼も初めてウクライナで空襲警報を聞いた時は怖くなってシェルターに逃げ込んだものの、2回目、3回目と経験するうちに段々と慣れてくるようだ。それにかなり頻繁に警報が鳴るので、「またか」と思って何回目かには逃げないで普通に生活してしまう。街中で警報が鳴っても、市民は音を無視して歩き、何事もないように人と話している姿を児玉さんは見てきたそうだ。人間の適応力、慣れとは恐ろしい。

確かにいちいち怯えたり逃げていたりしたら、普段の生活に支障をきたすし、ストレスを溜めて心の弱い人は病気になってしまうだろう。俺は日常的に空襲警報が鳴る日々を経験していないので偉そうには語れないが、受付のオバちゃんの気にも留めていない態度でいろいろと察した。ちなみに、この時は多くの街で同時に空襲警報が鳴ったようで、児玉さんによると「レーダーが飛来物体を感知したら鳴るようで、間違いも多い」とのことだ。

空襲警報で熟睡できなかったため、長時間フライトの後のように体が重い。それに昨日は量の少ないラーメンしか食べていなかったので空腹だ。朝食を食べに行くことにしたが、近くに程良いレストランはなく駅に向かうことにした。

駅前は朝なのに酔っ払いやホームレスが多く、雰囲気は悪い。リビウ駅の駅舎は歴史を感じさせる造りで、その外観は城や教会のようにも見える。

兵士の多いケバブ屋

駅の近くにあったチェーン店らしいケバブ屋でコーヒーとケバブを注文した。忙しそうな店なのに女性スタッフが1人で働いている。注文をとって会計してコーヒーのボタンを押してくれ、注文された品を作る。他にテイクアウトを待っている客もいて、隙ができると外にあるテーブルを拭き、片づけをする。俺はガラガラの時に入ったのでスムーズに注文できたが、次から次へと客が入ってきて注文をとるのも大変な状況になってきた。

彼女の手際の良さには舌を巻くが、常識的に考えてこのワンオペはきつすぎるだろう。スタッフが辞めてもおかしくない。これはもう1人、たぶん男性スタッフがいるのに前日に飲み過ぎたとかで寝坊しているのではないか。慌てて来て「すみません遅刻しました」と謝り、このよく働く女性に熱い鉄板を押しつけられ「もう二度と飲みません」と平謝りをするのだろう。

なんてことを想像していると、体の大きな、軍服を着た男が入ってきた。仲間の2人は私服だ。軍服の男は顔がまだあどけなく、服に着られている感じもあるので、若くして徴兵されたか志願して訓練を終えたばかりなのかもしれない。そのうちに電車やバスで到着する兵士もどんどん増

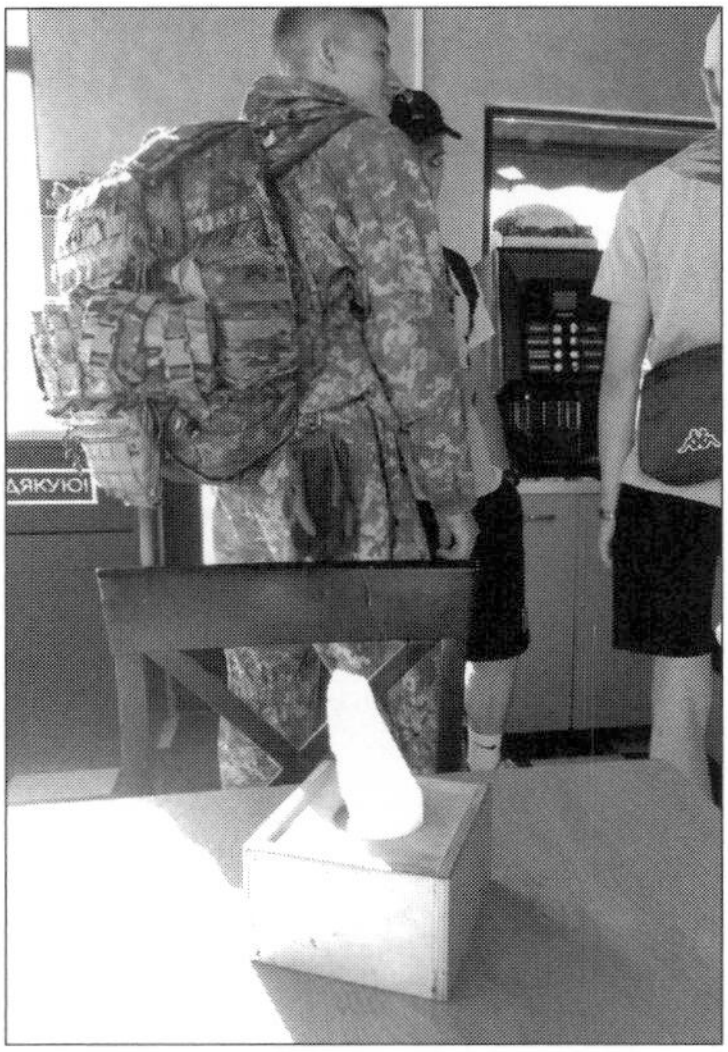
ケバブ屋に入ってきた若い兵士

えてきた。

ちなみに児玉さんによると、西側で英雄扱いされているゼレンスキー大統領は国民からの人気はあまりなく、嫌いな人も多いという。さらにウクライナを現地取材していた新聞記者の知り合いは言う。

「兵士と話していると、ゼレンスキー大統領の悪口が多いのですよ。口を揃えて『我々はロシアが侵攻することはわかっていた。それなのに彼は軍縮をして相手が攻めてこないと呑気に構えていたんだ。それでいざ、始まったら西側諸国に物乞いみたいに軍事物資を恵んでもらった。最初から準備していればプーチンは攻めてこなかったよ』と言っていましたよ」

その一方、一般市民の兵士に対する尊敬は凄いものがあるようで、国民は国を守ってくれている兵士に感謝しているようだ。

徴兵されるのは嫌だ

食事を終え、街をひたすら歩きまわる。旧市街はなかなか趣があり、レストランやカフェ、お土産屋が軒を連ねている。驚いたことに観光客が多く、ツアーで来ている人もいてガイドが説明している。戦争中なのに国内旅行をするという感覚がピンとこない。オペラハウスの前の噴水広場で暑い中、子供たちが水遊びをする姿を見ていると、今、俺がどこの街にいるのかわからなくなる。

ウクライナの物価は以前から安かったので、貧乏バックパッカーの中には長期間滞在している人もいた。定食屋でたくさん食べてビールを飲んでも500円ほどである。昨日入ったラーメン屋でもジュースとラーメンでわずか640円。隣国のポーランドで同じものを頼んだら2000円近くはするだろう。街中では年配の女性達がタンスから引っ張り出してきたような服を売っていた。元々ウクライナ経済は良くなかったが、戦争が始まってさらに大変だろう。安い年金生活では心もとなく、全体的には貧しい印象を受けた。

喉が渇いたのでカフェに入ってアイス・カプチーノを注文し、スマホを充電しながら休憩することにした。周りの客は若者ばかりで、パソコンを出して作業をしている。

近くの痩せているウクライナ人の若者が「君は中国人？　日本人？」と話しかけてきた。彼はIT関連の仕事をしていて、たまにオフィス、普段は自宅かカフェで仕事をしているらしい。戦争について少し話をさせてもらった。彼は言う。

「ロシアは許せない。でも、戦争は大嫌いで、絶対に行きたくないよ」

「あなたが徴集されたらどうするのですか？」

「行きたくないよ。僕なんて運動は嫌いだし、軍には役に立たないし、足手まといだと思うんだ」

確かに、今日本にいる若者が同じ状況になったとして、運動部出身、体の大きい人、運動神経のいい人、愛国心の塊の人はいいかもしれないが、前線での戦いにふさわしくない人はいるものだ。適していない人まで徴集するのはどうかとも思うが、俺の方ではどうすることもできない。

「できればＩＴとか、別のことで貢献したいよ。ごめん、もう仕事をしなくちゃいけないから」

そう言って彼は再びキーボードを叩き始めた。

庶民的な定食屋でウクライナ人と話す

夕食に行くことにした。街を歩き周っていると地元の人が通う定食屋を見つけた。そこは地元料理が食べられ、注文は簡単で値段も安い。サラダ、ボルシチ、ペリメニ（ウクライナの餃子）、炊き込みご飯、これと水を追加して１０００円ぐらいだ。注文していると背の低い男が話しかけてきた。

「君は日本人？　中国人？」

「日本人で東京から来ました」

「え〜なんてことだ！　こんな戦争中の国に来ているとは、驚きだよ。以前は外国人がこの街に多かったけど、今はほとんどいない。よく日本から来てくれたね」

かなり俺の存在に驚いているようで、俺が本を書くためにここに来たと伝えると、

ウクライナのディナー

「素晴らしい。来てくれてありがとう。いい本を書いてください。何か困ったことあるか？」
と注文するのを手伝ってくれた。俺たちの会話を聞いていたスタッフの青年は「ウエルカム、ウクライナ」と嬉しそうに歓迎してくれる。
　席に座って食事をいただく。ペリメニは中が冷たくてあまり美味しくなかったが、他の3品は美味しかった。大好きなボルシチは有名店よりも味は落ちるが美味しい。ちなみに勘違いしている人が多いが、

ボルシチはロシア料理ではなくウクライナ料理だ。ボルシチの主役はビーツ。赤紫色とほのかな甘味と酸味のあるスープが特徴的で、日本ではビーツがなかなか手に入らないので俺の友人は缶詰で代用していたが、それでも十分に美味しい。

するど、先ほどの背の低い男性が食事を終えたようで、隣の席に座った。よほど俺の存在が珍しく、嬉しいのかもしれない。

「せっかくリビウに来たのだから何か質問はない？」

そう彼は尋ねてきた。せっかくのチャンスなので聞いてみよう。

「一般のウクライナ人は、ロシアの侵略についてどう思っているのですか？」

「国民は皆、かなり怒っているよ。もちろん僕も激しい怒りがある。ロシア軍が自分の国に入ってきて人を殺し、街を破壊して絶対に許せることではないよ」

「これから戦局はどうなると国民は思っているのですかね？」

「あのね、これだけは言えるよ。我々は絶対に勝つよ。皆、そう信じている」

知り合いや身内を殺されたりしているのだから怒っているのは当然のことだが、その言葉を現地の人から聞けたのは貴重だ。また、現地で取材した知り合いの新聞記者によると「私が聞いた限り今回の戦争で、諦める、降伏すべきだという人はウクライナでは皆無でしたよ。兵士に聞いてもみんな最後まで戦うと言っていました」と。日本では当初、某有名人や一部の左翼が早期降伏論を唱えていたが、ナンセンスだ。

　男性は力強く言う。

「これだけは本に絶対書いて。『我々は絶対に勝つ！』」

　そして男性は時計を見て、「ごめん、もう行かないといけない」と告げた。

「日本人がわざわざウクライナに来てくれているので、あなたに声をかけたい衝動が走りました。ではお元気で」

　我々は握手をして別れた。

アゾフ連隊に栄光を！

　店を出ると外はまだ明るく、19時を過ぎたばかりだ。少し街を歩こう。

　噴水広場に来るとオペラハウスの前に人だかりができている。ウクライナの旗を持っている人がいるのでデモが行われるみたいで、自然に足が向いた。テレビ局、新聞記者、日本人のカメラマンの姿もある。

「アゾフ連隊に栄光を！」

そう叫んでいる人が多い。アゾフ連隊の兵士がロシア軍の捕虜になったので釈放を求めているのだ。アゾフ連隊は、アゾフ海沿いの港湾都市マリウポリを拠点としていた。この組織は数十のウクライナ防衛の有志集団で、彼らが注目されたのは２０１４年、親露派の大統領・ヤヌコビッチを国外逃亡に追い込んだ政変だ。これに反発した東部の親露派の武装勢力が勝手に独立国を樹立しマリウポリにも侵攻しようとしたが、アゾフ連隊がそれを阻止した。親露派との戦いで存在感を増し、内務省直轄の軍事組織に昇格した。人数は９００～１５００人と見られている。

ちなみに、ウクライナでは勇敢なアゾフ連隊は凄く尊敬されて誇りに思う人が多い一方、ロシア側はアゾフ連隊に「民族主義に凝り固まったネオナチ」とのレッテルを貼って侵攻の正当化を図っている状況だ。

デモは熱を帯びてくる。しかし政府に反発しているわけではないので、警察官は遠巻きに、そして優しい目で見ている。

デモ参加者はロシア軍によって犠牲になった人や、捕虜になっている人たちのことなどを訴えているようだ。周りの声は一層大きくなり、一斉にロシアを非難する言葉を発する。俺もなんだ

プラカードを掲げて訴えるウクライナの人々

か不思議な興奮を覚えた。政府や企業、権力に抗議しているのではない。不当な侵略、捕虜の待遇、空爆で犠牲になった人たち、それらをまとめてプーチンとロシアに発しているのだ。

10分ほど経ち、この場所から移動するようで、俺は先回りして動画や写真を撮る。彼らは様々なプラカードを持って行進している。

「アゾフ連隊に栄光を！」

サイクリングの途中で休んでいた若者は、初めこそ「何をデモなんてしてるんだ」というような表情をしていたが、デモ行進を見ながら熱くなったのか、大声で「アゾフ連隊に栄光を！」と叫び始めた。

そこで周りを観察してみた。中国人らしき

中年夫婦は「なにやってんだ」という顔をして知らんぷりしている。地元の若者だろうか、10代の不良系の5人組はデモに無関心どころか、それを見て馬鹿にするように笑っている。国がこんな状況になっていて、よくそのような態度でいられるものだ。彼らにはそれなりの理由があるかもしれないが、俺はなんだか、無関心でいる人たちに憤りを感じてしまった。そして人がかなり膨れ上がってきて訴え始める。

「ロシアはテロリスト国家！」

「ロシアは嘘つき！」

他にもいろいろ言っていたがわからない。隣の2人組の女性はハンカチを出して泣いている。他の人がそれを慰める。きっと大事な人が戦争に行っているか亡くなったのだろう。他にも泣いている人や叫んでいる人もいる。

俺は30歳くらいの頭の薄い男性に声をかけてみたが、「イングリッシュ・ノー」と、言葉の問題で拒否され、次に若い女性に声をかけたが「話したくない」と言われた。連続で断られて、正直話しかけるのを諦めようかと思ったが、40歳くらいの男性と目が合った。

「英語は話せますか？」

「はい、大丈夫です」

熱気を帯びたデモに周囲の人もヒートアップしていく

「俺は日本から来ました。少し話を伺いたいのですがよろしいですか？」

「いいですよ」

「ウクライナ人はロシア軍の攻撃についてどう思っていますか？」

「かなり怒っているよ。だって、ほら、ここにも泣いている人たちがいるでしょう。みんな身内や友人が殺されているか、被害に遭っているのですよ。こんな頭にくることはないですよ」

「ずっと戦争が続くのはツラいはずですが、解決策はなにかありますか？」

「ここで停戦したらこれまでのウクライナの犠牲は何だったんだってなりますよ。だから今戦って、跳ね返すしかない。我々は絶対に負けないよ」

もし仮に停戦の流れになったとしても簡単ではない。プーチンのこれまでの言動からすると、一度停戦したとしても、その後ウクライナ全体を属国化するために戦力を整えて、必ずまた攻めてくるだろう。そうウクライナ側は考えているからだ。

最後に彼は言った。

「生活を滅茶苦茶にされ、犠牲者も多く出したけど、最後に勝つのはウクライナだよ。皆、そう思っているよ」

ウクライナ国歌とコサック

そしてウクライナの国歌が流れてきて、皆、一斉に歌い出した。

ウクライナは未だ滅びず
その栄光も　自由も
同胞よ　運命は
我らに再び微笑むだろう

我らの敵は
太陽の下の露の如く消え
我らは国を治めよう
我らの地で
魂と身体を捧げよう
我らの自由のために
そして示そう
我らがコサックの子孫であることを！

コサックとは、東ウクライナや南ロシアなどの草原で半農・半牧生活を送っていた人々のことで、15世紀頃、武装騎馬隊として結束し、特権を与えられてロシアの辺境警備などに付くようになった。ロシアの攻撃が続く中、ゼレンスキー大統領は2022年6月、国民に「私たちは敗れることはない！　なぜなら我々はコサックの一族だからだ！」と演説した。

国歌は3番まであるが必ず最後に「我らがコサックの子孫であることを！」というフレーズが入っている。彼らにとって「コサックの子孫であること」は誇りなのだろう。

プーチンという人物

戦争が始まるまでウクライナ国民は平和に暮らしていた。それが一変した。皆がプーチンに対して抱いている怒りや憎しみは想像を絶するはずだ。

プーチンは1952年に現在のサンクトペテルブルクで工場の熟練工の家に生まれた。早い時からスパイになりたかったようだ。大学を卒業して旧ソ連の情報機関である国家保安委員会、悪名高いKGBに採用された。競争率が高い機関なのでかなり優秀だったのは確かだ。

1991年にソ連が崩壊した後、サンクトペテルブルク市の副市長、KGBの後継ぎ組織であるロシア連邦保安庁（FSB）長官などを経て、1999年に首相に就任し、翌年の大統領選で初当選をした。2008年には子分のメドベージェフが大統領に就任して自身は首相になるが、4年後には大統領に復帰している。

そして2018年には4選を決めている。独裁体制の完了だ。不正選挙や汚職もかなり疑われているが、ライバルの政治家や、不正を暴こうとするジャーナリストは逮捕され、加えて暗殺、不審死、事故などが続いている。決定的な証拠が明らかになっていないだけで、プーチンがそれらに関わっているのは確かだろう。2022年になってからもロシアの有名な実業家が12名も不審死や事故死をしている（同年12月28日時点）。偶然とは思えず、これも反対する者に対するプーチンの粛清なのかもしれない。

２００４年に起きたウクライナ大統領選挙の結果に対しての抗議運動と政治運動などの一連の出来事は、ウクライナの野党支持者がオレンジをシンボルカラーとして使用していたことから「オレンジ革命」と呼ばれる。この時期、ヨーロッパとロシアに挟まれたウクライナはどちらにつくか重要な選択を迫られた。ウクライナでは親欧米派と親ロシア派の対立が続き情勢が不安定になった。

その10年後の２０１４年2月、ロシアとの関係を重視しているヤヌコビッチ政権下で起きた政変において、親ロシア派vs親欧米派の対立は激化する。結果、ヤヌコビッチ大統領はロシアに亡命し、親欧米派の野党による暫定政権が樹立した。この事態によって、今度はロシア系住民が多く住むクリミア自治共和国がウクライナからの分離独立運動を起こした。ロシアはこれを好機ととらえ、ついには軍事介入をして２０１４年3月、世界中の非難を無視しクリミアをロシアへ併合した（クリミア危機）。

今起きている戦争は、オレンジ革命から地続きになっているものなのだ。

マクドナルドがない

翌朝、朝食を食べに噴水広場の近くにあるマクドナルドに入ろうとしたが、店が閉まっている。マップに書かれている近辺の4店舗も同じ状況のようで、調べるとウクライナ国内にあったマクドナルド109店舗は戦争で閉店になっていた。2022年9月20日にキーウで3店舗が復活したが、ここはリビウ。仕方ないので営業しているKFCに入った。

この日は街をふらつこうと営業している施設を探していると、「科学者の家」という文字に目が留まった。このソ連的な名前が気に入ったので行ってみると、どうやらそこは元カジノだった場所のようだ。入口に行くと観光客がわずかにいて、俺に気付いた老人が入場料を徴収しにくる。紙に名前等を記入するとそれがチケットになった。きっとソ連時代から変わっていないシステムなのだろう。

この建物は有名らしく、ウィーンの建築事務所「フェルナー&ヘルマー」が作ったそうだ。中央の階段は美しい曲線を描き、目を見張るものがある。建物の内部は素晴らしいのだが、見学する場所が限られているのですぐに終了した。後で調べると、現在ではパーティー会場や映画の撮影などにも使われているようだ。

地獄の国境越え

２０２２年８月７日、ポーランドのクラクフに戻る日となった。聞くところによると帰りの国境は混んでいて、どのくらい待たされるかはわからないようだ。だが俺は楽観的に考えていた。国境の往来のピークも過ぎ、ウクライナ入国の時は全然大したことはなかったではないか。せいぜい待つとしても1時間ぐらいだろう。予定では17時半ぐらいにクラクフに到着するので、着いたら夕食に美味しい料理でも食べようと思っていた。

バスは9時40分発なので30分前の9時10分にはリビウのバスターミナルに到着した。バスターミナルは別れの場所でもある。恋人や家族との別れ。複数の場所で泣きながら抱擁している姿があった。俺が乗るバスはどうやらガラガラのようで、ほとんどが女性と中学生ぐらいのグループだ。

バスは定刻通りに出発した。すぐに郊外に出ると思いきや見覚えのある景色が続き、泊まっていた宿から歩いて8分のリビウ駅に到着した。はあ？　駅に寄るのを知っていたらここから乗れたのに、ネット予約の時点ではここに停まるとはわからなかった。なんだか非常に残念で損した気分になり、これからの道中に嫌な予感を覚える。

駅から何人も乗り込んできて、そのうちの１人に髭を生やした白人がいた。バックパックを背負っていてジャーナリストかもしれないが、それにしても凄く眠そうな顔をしているのが印象的だ。

駅で20分待ってバスはいよいよ国境に向かって走り始める。これでウクライナともお別れだ。寂しい気がするが、また絶対に来よう。外を見るとマンションの高層階にウクライナの国旗が飾られているのが見えた。

約1時間で国境に到着したが、窓の外を見ると乗用車が長蛇の列をなしている。運転手がウクライナ語で何か言って降りていき、前後2つのドアが開いた。嫌な予感だ。

バスを降りると俺たちの前にバスが8台、そして後ろに3台も待機している。とりあえず俺は小便をしたい。車内にも近辺にもトイレがないので、これは草むらに行くしかない。近くの手ごろな草むらに入るとそこは人糞やらティッシュやらが散乱した、いわば野外トイレであった。用を済ませて周りを見ると、女性達も草むらに駆け込んでいる。アフリカでは、ある年齢を超えた女性は人目を気にせずにパンツを降ろして用を足していたなと、かつてのアフリカ旅を思い出してしまう。

外は炎天下なのでバスの日陰に入る。当日の気温は約31℃、これがもっと気温が高かったらと思うとゾッとしてしまう。エンジンを止めているので車内のクーラーは利かないし、わずかな日陰しか暑さを凌ぐ方法はない。また、売店などは一切ないので水を買い忘れた人や、俺の知り合いのように「持ってなくても途中で買えるでしょう」という危機管理能力が低い考えだと脱水状態になってしまうかもしれない。

犬を連れている人が多く、散歩させている。それにしても参った、どのくらい待つのだろう。乗客の女性に聞いても「わからないわ、かなり待つと思うけど」という返事だ。彼女はウクライナ人で、普段はクラクフで働いており、実家がリビウにあって頻繁に帰っているそうだ。

中学生の団体は遠足のように皆ではしゃいでいるが、その横では英語で状況を聞いている男が2人いる。1人はリビウ駅で乗り込んできた髭の男だ。どうやら乗客の中で外国人は俺を含めて3人のようで、髭男がタバコを吸っている俺に近づいてきた。近くで見ると意外と背が低い。

「悪いけど、タバコを切らしたんだけど売店はないし、1本もらえますか?」

俺はタバコを1本あげて、お互い話し始めた。彼はフランチェスコといい、イタリアのローマに勤めるジャーナリストのようだ。ハリキウ、キーウを取材して夜行列車で今朝リビウ駅に到着し、バスのチケットを購入してこのバスに乗ったようだ。だから駅で見た時、あんなに眠そうだったのか。明日は朝5時に起きてローマに帰ると言う。

「ハリキウやキーウの取材はどうでした?」

「ロシア軍のことは全く擁護できないよ。酷いもんさ」

「ウクライナにはどのくらい滞在していたのですか？」

「３週間ぐらい。早く家に帰りたいけど、記事をまとめたりして帰国後も大変だけどね」

笑いながら言っていた。

疲れ果てた国境待機

３時間が経過――。

ようやくバスが動いて国境を越えるが、ウクライナ側のチェックはなし。どうやら混んでいるのはポーランドの入国審査か。

ポーランド側に入るとスマホのＳＩＭカードが繋がり、建物が綺麗になり、トイレがあった。暑いので水分補給はしないといけないが、全部が汗で出るわけではない。我慢していたであろう人たちがトイレに殺到した。

入国管理の建物を見て、俺は絶望的な気持ちになってしまった。俺たちのバスの前に4台もバスが停まっていて全く動く気配がない。さらに1時間50分ほど待ち、合計4時間50分が経過した。

ようやく俺たちのバスが先頭になったので荷物を降ろす。「外国人はこっちに来い」と言われて外国人の3人は事務所に連れて行かれるが、軽い質問を受けただけで終了。入国審査に並ぶが、3人の係官がのんびりと作業していて、それが終了するとやっと荷物をX線に通す。係官もかなりいい加減だ。

俺もフランチェスコもかなり苛立っていた。なぜこうも非効率に作業をして国境を利用する人に多大な迷惑をかけるのか。こうならないようにもっと人を増やすなり、簡易化するなりできるはずだ。そんなことを俺が言うとフランチェスコに「仕方ないじゃないか。彼らはやり方がわからないんだから」と諭される。

戦争がなければこの人員とやり方で問題ないだろうが、出入国する人や車、輸送量が激増してもやり方を変えないので、パンク状態になったままだ。後から聞くと、知り合いの日本人新聞記者はこの国境で7時間も待たされたようだ。キーウやリビウからは電車でもポーランドに入れるので、そっちを使った方が無難だ。

さようなら、またいつかウクライナ

ポーランドの入国審査が終わり、俺たちの乗ってきたバスを待っているが一向にやって来ない。

早くクラクフに戻りたいと思っていると、トルコ人の男が話しかけてきた。

「私たちのバスは一体どこに行ってしまったのだ？　トラブルで捕まっているのか？」

フランチェスコも俺たちの所にやってきた。トルコ人は船員のようで、クラクフで会合があるのだが時間に間に合わないと焦っている。

「なんでこんな無駄な場所で待たないといけないのだろう？」

俺がそう言うとフランチェスコがなだめるように言った。

「他の乗客たちを見てみなよ。誰も怒ってないし、焦ってもいない。つまりウクライナでは日常的なことなのかもしれないね」

確かに彼らは表面上、誰も怒ってはいない。そうこうしているとやっとバスがやって来た。席に着いて運転手がマイクで何か言うと、乗客から笑いが起きた。おそらくトラブルか何かで少し拘束されていたのだろう。それを確かめる体力、気力はもはや俺には残っていなかった。

バスは猛スピードで走り始めた。俺はウクライナに入国するときに進めた時計の針を1時間戻した。

第2章

31年ぶりの再訪『ハンガリー』

面積：約 9.3 万 km^2
人口：約 970 万人（2021 年）
首都：ブダペスト（※○の場所）
通貨：フォリント

コロナ対策とマスク外し

２０２２年６月26日、成田空港を発ったカタール航空の機体は、カタールのドーハでトランジットをして、合計22時間かけてハンガリーのブダペスト空港に到着した。時差ボケと疲れがあったが、ブダペストの空港に降り立った瞬間、「久しぶりに旅ができる」という高揚感がそれを吹き飛ばしてくれた。

俺はマスクが嫌いで、日本を発つ１週間前に脱マスクを開始したものの、日本では皆きっちりマスクをしていて居心地が悪かった。カタール航空の規定で機内ではマスク必須なので付けていたが、顎マスクをしていても注意をされず、寝るときに外しても何も言われなかった。ドーハの空港では着用義務があったのでとりあえず付けたが、空港職員、店のスタッフを含め、ほとんどの人がマスクをしていなかった。

そんな中、中国人の10人ぐらいの団体３組が、防護服、マスク、フェイスガードの姿で歩いてきた。正直、「冗談だろ？」と思ってしまった。周りはとんでもない軍団が来たかのような空気になり、彼らも中国本土との違いに驚いたようでキョロキョロしていた。だが、喫煙所で彼らはマスクとフェイスガードを取り、人が密集したところでスパスパとタバコを吸っていて、「意味ないだろ！」と梅田さんと突っ込んだ。

ブダペスト行きのフライトでも半分はマスクなしだったが、到着後にターンテーブルで荷物を待っていると、一緒に待っている乗客が一斉にマスクを外し始めた。それを見て俺たちも外した。最高の解放感を得た瞬間だった。

俺たちは梅田さんを除いて、新型コロナワクチンを3回接種してワクチンパスポートを持っていたが、どこの空港でもそれを提示することはなかった。数カ月前までは、出国前にPCR検査を義務付けられ、さらにワクチンパスポートを見せないといけなかったことを考えれば、かなり自由になってくれて良かった。ちなみに梅田さんはワクチンを1回も接種していない。それだと入国が認められなかったり、陰性証明書などを提出しないと入国できない場合があるため今回の旅を一度諦めたのだが、欧州でコロナ対策がかなり寛容になったことで梅田さんは正式に参加することになった。

楽しい海外旅行

宿に到着したのは夕方だった。俺たち4人は少し休んで食事に行くことにした。梅田さんが予約した店はハンガリー料理を食べられる名店のようで楽しみだ。

宿を一歩出ると、当たり前なのだがここは外国で、白人国家だ。４人で歩いていると、カフェでくつろいでいる人たちが珍しげに俺たちをジロジロと見てくる。中には差別的な軽蔑の目を向けてくる者もいるが、こんな感覚は約３年ぶりなので、不思議なことに心地よく感じてくる。今まで全く気がつかなかったが、旅というのは、ただ街を歩くだけで楽しいものなのか。コロナで海外に行くのが難しかった時期、俺はどれほど海外に行くことを望んだことか。何度も夢に見た海外旅行が叶った瞬間なのである。

約３年ぶりの海外旅行というだけでも感慨深いが、実は今回の旅はもう１つ感慨深いものがある。ハンガリーのブダペストを訪れるのは、実に31年ぶりなのだ。

中心街を歩いてみるが、31年ぶりのブダペストは街が変わりすぎて不思議な気分だ。当時は他のヨーロッパの諸国と比べてハンガリーの発展は遅れていたが、現在では他のヨーロッパの街にいるのと変わらない景色だ。物価も意外と高く、日本人から見ても安いと感じない。

調べるとハンガリーの平均月収は現在１５００ドル弱（約20万３０００円、日本の平均は約32万円）。昔と比べればすごい上昇率だが、この物価だと平均月収が安すぎるように感じる。例えば、近所の庶民的なトルコ料理屋で食事と水を頼むと１２００円くらいだ。ハンガリー人はタバコが好きだが、マルボロが７３０円もするのだ。全体的に高くて大変だと思う。

梅田さんが予約したレストランは観光客と地元客で賑わっていた。まず名物の肉野菜のスープ「グヤーシュ」。これは店や家庭によって味が違い、ビーフシチューと同じ色をしている。ルーマニアやブルガリアにも似ているのがあるし、チェコやドイツでも食べられるらしい。ハンガリー旅行に行けば一度は食べるだろう。味が濃いので個人的には白飯を食べたくなるが、それでいて脂っぽくないので飲みやすい。パンもついているのでこれだけでお腹が膨れる。個人的に好きなのは「パラチンタ」だ。牛肉を煮込み、ハンガリーのクレープで包んだ料理だ。クレープの噛んだ時の食感と、濃厚スープとサワークリームが一体となって食が止まらなかった。

美味しいパラチンタ

翌日、久しぶりに海外での観光に出かけることにした。我々はバスで移動してバス停から丘の上まで歩いたが、俺の体力低下が心配になった。旅のブランクだけではなく、旅の前も腰やら足の調子が悪く、ろくに散歩ができなかったので体力づくりができていなかった。

驚いたのは吉田社長だ。彼は俺よりも3つ上（56歳）なのに体力が凄い。炎天下なのに帽子も被らず水も持たず、早い足取りで登っていく。聞くと、学生時代から現在までフルマラソンに参加しており、すごい記録を持っている人だった。

コロナ禍でも俺は国内旅行をしていたが、やはり海外旅行は全く違う。異なる文化、言葉、食べ物、そして観光客も東洋人の姿がないアウェイ感。久しぶりの旅では仲間と来るのがちょうどいいが、この環境に慣れてきたら一人旅をしたくなりそうだ。

丘の上でドナウ川や街を眺めて最高の気分に浸り、エリザベート橋などを観光した。


ハンガリーの国土は日本の約4分の1で、人口は約970万人（2021年、中央統計局）と意外と少ない。ブダペストはハンガリーの首都で、街の中央を流れるドナウ川の西側が「ブダ地区」、東側が商業や政治の中心の「ペスト地区」だ。上空からこの街を見たことがあるが、川を挟んで見事に街が形成されて美しかった。この2つのエリアはセーチェーニ鎖橋で繋がって、1873年に1つの街に統合される。「くさり橋」の愛称で知られるこの橋はブダペストのシンボルであり、ハンガリーの英雄セーチェーニ・イシュトヴァーンの支援によって建造され、10年

1991年のブダペスト（郊外）。停まっている車がトラバント

の歳月を掛けて１８４９年に完成した。

歴史を紐解くとブダ地区はローマ帝国の時代から始まっていて、13世紀ごろには王国の都として確立した。その後、オスマン帝国の侵略や、ハプスブルク家の支配があり、第二次世界大戦で破壊され、何度も崩壊と復活を繰り返してきた。現在は観光の中心地になっている。一方、ペスト地区は平野部に位置し経済的拠点であった。

ハンガリーは大戦後にソ連の衛星国となり国も貧しくなったが、現在では多くの歴史的建造物や美しい街並みを一目見ようと、観光客が訪れるような街になった。

１９９１年に俺がブダペストを訪れた時は観光客はわずかで、ベルリンの壁が崩壊して

現在のブダペスト。西側の綺麗な街並みとあまり変わらなくなった

2年弱しか経っていなかったので社会主義色を強く残していた。街はみすぼらしく、色で例えると鼠色。ボール紙で造られていると揶揄された東ドイツ製の「トラバント」という車が、環境のことを一切考慮していないドス黒い排気ガスをまき散らして走っていた。

ホテルも限られ、ゲストハウスもその後栄えた日本人宿もなく、駅の民泊予約センターで1泊500円の場所を紹介された。その場でお金を払い、雑な地図に「ここだ」と赤ペンで丸を付けられ、住所を書かれるだけ。宿はバスで向かう場所にあるが、バス停でその辺りにいる人に乗るべきバスを聞き、降りる場所も運転手が教えてくれて、降りても場所がさっぱりわからず地元の人の優しさで連れて行ってもらって、やっと共産主義的団地の一部屋にたどり着いたものだ。現在はホテル予約サイトでいくらでも宿は見つけられる。

どこかの国を訪れた経験を語るとき、10年、20年前に行ったきりだと、それはその時の姿でしかない。訪れた時の想い出がその国を語る全てになってしまうところがあるので、時を越えて再訪するのは昔との変化を楽しめるという醍醐味があるものだ。

物乞いの老婆

ブダペストの中央市場にはお土産がたくさん売られており、中でもルービックキューブが目についた。

「なんでこれがお土産で売られているんですかね？」

梅田さんが尋ねてくる。ルービックキューブはハンガリーで生まれたものだ。ハンガリーの「ルビク・エルネー」という発明家によって発明され、1980年頃、俺が小学生の時には一大ブームになったものだが、お土産屋で現物を見るまでそのことはすっかり忘れていた。

中央市場を出た時、観光客が多い歩道に1人の物乞いの老婆が目に留まった。周りに他の物乞いはいないようだ。世界中を旅してきて、これまでに物乞いを商売にする人を見てきた。彼らの中には本当に生活に困っているわけでなく、金が稼げるからやっていて、噂では豪邸に住んでいるという猛者までいるらしい。

ある白人の女性観光客は物乞いの老婆にお金を握らせて、なにか励ますように声をかけている。だが、俺は怪しいと思っていた。誤解のないように言えば、このような状況では金銭をあげたい人はあげればいい。たとえインチキだとわかっていても渡したければ渡す。それだけで肯定も否定もする気はない。

ただし、治安の悪い地域や、ストリート・チルドレンがいるところでは現金を出して渡さない方が得策だ。悪党が集まってきて気が付かないうちに囲まれ、手が何本も伸びてきてあっという間に貴重品を取られてしまうこともある。この老婆は市場前の最高の場所にいて、同じことをしているライバルはいない。金を持っている観光客の同情を誘って稼ぎ、管理している犯罪組織に何パーセントか払っているのかもしれない。見た限りかなり恵んでもらっている気がするのだ。

「あのような貧しい老婆を見ると耐えられないな。僕、金あげます」

吉田社長が言う。フケさんが笑いながら言った。

「なんかあの人、商売でやっているんじゃないですかね?」

「嵐さん、あげたいけど間違ってないよね？」

「あげたければ、渡せばいいですよ。疑ってもキリがないので」

吉田社長に聞かれたのでそう答えると、吉田社長は老婆の元に引き返し、日本円で５００円くらい渡した。老婆はお礼を言っている。

「吉田社長、どうでした？　喜んでいましたか？」

そう俺が聞くと、複雑な表情を浮かべながら言う。

「俺が老婆に近づいたらね、それまで全く動いていなかったのに、急に肩をカタカタ揺らし始めたんだよ」

お金をもらうための熟練のテクニックかもしれない。

ハンガリー動乱

国会議事堂の前にある広場の階段を下りると、１９５６年10月23日に起こったハンガリー動乱の展示施設があった。入口には当時の弾痕などが残っている。

ハンガリー動乱について少し説明しよう。第二次世界大戦後の社会主義になったハンガリーは、ソ連の衛星国、言ってしまうと舎弟みたいな存在になってしまった。そんなさなかの1956年にブダペストで民主化や駐留していたソ連軍の撤退を求める学生や労働者のデモが発生した。ソ連は、この動きがポーランドなど他の東欧諸国にも飛び火してしまうことを恐れた。

民衆は立ち上がり、ソ連は軍を出動させ、両者は激突した。展示施設には立ち上がった民衆と、発砲、鎮圧しているソ連軍の写真が多く展示されている。ハンガリーの歴史を語るうえで重要なので、ぜひ訪れて欲しい。入場料も無料だ。

ちなみにハンガリー動乱はその後いったん正常化に向かったが、ハンガリーのナジ首相がワルシャワ条約機構からの脱退とハンガリーの中立を宣言したのに怒ったソ連軍が越境してきた。なんだか、ロシアが今ウクライナに対してしていることと変わらない。

自分たちの意にならないことを武力で抑え込もうとしたソ連軍は、11月4日にブダペスト市内に入るとハンガリー軍、市民義勇軍と市街戦を展開した。戦いはソ連軍が勝利し、同日中にはソ連を後ろ盾とするスターリン派のカーダール政権の誕生が宣言され、国内の抵抗勢力も約1週間で鎮圧されてしまった。ソ連が操る傀儡政権の誕生だ。

それまでのナジ首相は国家転覆罪に問われ、安全の為に在ハンガリー・ユーゴスラビア大使館に逃れた。しかし、交渉のために安全と自由を保障された上で大使館を出るとソ連軍に拘束され、ルーマニアに身柄を移された後、秘密警察ＫＧＢによる秘密裁判で１９５８年６月16日に絞首刑に処された。62歳だった。

この動乱での死者は２７００人に達し、約20万人のハンガリー市民が西側に亡命した。

ブダペストでのデジャブ

ブダペストの中心街ではお洒落なバーやカフェが軒を連ねる。俺たちは吉田社長のお供でロレックスを訪れたが、４人の格好は短パンとＴシャツ姿だ。入口は外側からドアが開かないようになっていて、店内から３人くらいのスタッフが俺たちのことを品定めするように見ていた。しばらくすると「合格」したのか、鍵が開いた。吉田社長は気に入ったデザインの時計があったら購入を考えていたが、世界中で在庫不足のようで、予約してから届くまで時間がかかるので諦めた。

その後、すっかり栄えた街を散策する。先進国になって嬉しい反面、少し寂しくも感じる。ボロボロの車が走り、いつの時代のものかもわからない旧式のカメラが売られ、まともなレストランやホテルもほとんどなく、日本人はビザが必要だった。バックパッカーはオーストリアのウイーンでビザを取得したものだ。ビザがいらなくなると、物価の安さに惹かれたバックパッカーがやって来るようになり、日本人宿も増えていった。旅仲間のうちでの印象は「物価の安い国」だった。

現在の治安は問題なく、ホームレスや酔っ払いは目立つが中心地には警察官も巡回しているし、安全に観光できる街の1つかもしれない。昔は治安が悪く、俺が最初に旅で危害を加えられたのもこの街だった。土曜日の中心街で人通りがない道を1人で歩いていると、見た目が完全にネオナチ風なスキンヘッド2人組が前から歩いてきて、1人が過ぎ去ったあとにもう1人の男がいきなり俺に体当たりをしてきたのだ。俺の体は吹っ飛び、メガネも飛んだ。強盗ではなく、東洋人が気に入らない差別主義者の連中だろう。周りにいる人が心配そうに俺を見ていたのを今でも覚えている。

悪質なマッサージ店

一通り観光をしたが、気温は35℃を超えており俺とフケさんは疲れてきたのでホテルに戻ろうとした。しかし吉田社長と梅田さんはそのへんで見つけたタイマッサージに行くという。なんでまた到着2日目に高い金を払ってタイマッサージなのかと不思議だが、好きなようにさせる。

部屋で休んでいると、４人のグループラインに２人がマッサージ店に入店したと報告があった。料金は60分で７０００円。少し羨ましい気持ちがした俺は、30分後に「気持ちいいですか?」と送ると梅田さんから「まだ始まってもいません。帰りたくなりましたが、料金は先にカードで払ってしまっています」との不穏な返信があった。これはおかしい。とんでもないぼったくりに巻き込まれているのではないか。

２人は英語が苦手なので、フケさんが英文で「金を現金で返してくれ。もう帰る」と送ってこの文章を見せるように伝えると、その１時間半後に吉田社長からメッセージが届いた。

「俺は終わって待っている。あと15分くらいかな。なかなかヒートアップした。失礼しました。すみません」

内容がよく理解できないし、それに対して質問しても既読にもならない。

ようやく２人が帰ってきて詳細を聞いた。入店したらタイ人と地元の女性スタッフが数名いて、料金は先払い。まず先払いの時点でおかしいのだが、カードで２人分払ってしまったので待合室で１時間待つ。何度も「まだか?」と問うが相手は「もうすぐだから」と言うだけで、「もう帰るので金を返してくれ」と言っても「もうすぐだから待っていて」と。ようやく別々の部屋に通されてさらに30分待たされ、頭にきてもう帰ると言っても「もうすぐだから!」。

立腹した吉田社長が日本語で抗議していると、大きな声が隣の客に聞こえるのを避けようとタイ女がやってきてなだめる。要するに、店自体もダメだが人手不足なのだ。それなら客を断ればいいのに、金が欲しい&日本人は文句を言わないとナメているのだろう。ようやくタイ女が吉田社長につくが、マッサージが下手くそなだけではなく、態度も悪く、怒った吉田社長は服を着て店を出て、外で梅田さんを待っている時にあの変なラインを送ったのだ。

一方、梅田さんも待たされたあげく下手くそなタイ人のおばさんがついて「失敗したな」と思っていると、手がやたらと股間付近に来るようになり、パンツの上からタッチしてきたという。そして「スペシャル・サービスはどう?」と。

もちろん断ったが、そんな店だったのだ。梅田さんは金もとられ正当なマッサージも受けられず相当悔しがっていたが、驚いたことに翌日リベンジを果たすべくネットで調べて、ちゃんとした優良店でマッサージを受けていた。今度は大満足だったようだ。

ウクライナ難民施設

ブダペスト西駅の横に、世界一お洒落なマクドナルドがあると聞いたので入ったが「どこが

難民避難のテント。今回の旅ではさまざまな場所で同様のものを見かけた

じゃ？」というのが正直な感想だった。その後、吉田社長とフケさんが目の前にあるショッピングセンターで水着を買いたいというので行くことにした。

その広場の前にテレビで観たことがある黄色のテントが見える。２０２２年の３月頃にはウクライナ難民や支援者で人が一杯だった難民避難施設だ。しかし、スタッフや訪れている人は少ない。戦争が膠着状態になり、それぞれの避難先に落ち着いたり、ウクライナに戻ってしまった人も多いのだろう。

ハンガリーはウクライナと約１４０キロに渡って国境を接している。ハンガリーの現在の発展には、西側との結びつきがあった影響は大きいはずだ。とすれば一般市民はロシアに対しては敵対感情を抱き、ウクライナへの同情があると思っていたが、調べるとどうやら一枚岩ではいかないようだ。

ソ連が崩壊する前まで、ハンガリーはソ連の衛星国だった。その後、ＥＵやＮＡＴＯに加盟しているものの、ロシアや中国といった強権主義国家と特別な関係を築こうとしている。他の東欧諸国とは別の道を走り、独自の対ロシア政策を掲げ、政治や経済で密接な関係を築こうとしている。輸入する天然ガスの約８割をロシア産が占め、またロシアから融資を受けて原子力発電所を拡張する計画もある。こうしてみるとロシアとの結びつきが無視できない。

ロシアに気を遣う立場なのに、ハンガリーはウクライナ難民を積極的に数多く受け入れてきた。それは、オーストリア＝ハンガリー帝国が第一次世界大戦で崩壊してハンガリーが多くの領地を失ったときに、失った領土にいた約３００万人がウクライナやルーマニアなどの隣国に住んでいるという歴史的背景がある。ハンガリーがウクライナを含む周辺国に住むハンガリー系の「同胞」を支援してきた過去があるのだ。

心配なハンガリー政府

ハンガリーのオルバン首相は民族主義的な色が非常に強い人物だ。「第一次大戦前のハンガリー帝国の復活」を夢見ているのか、自国民と国外のハンガリー系住民の民族主義意識を高めるような発言も多い。

過去に国外からの難民や移民の受け入れを拒んできたハンガリーが、ウクライナからの難民を受け入れるのはその民族主義的な観点がある。助けたいのは「ロシアに侵略され可哀そうなウクライナ難民」ではなく、「ルーツを共にする同胞のハンガリー系住民」と言えるのかもしれない。

ロシアや中国と経済的な結びつきを強め、オルバン首相は表面的には「エネルギーの観点」からロシアへの経済制裁に批判的な立場をとっている。ロシアのウクライナ侵攻前にはプーチンと会談を行い、天然ガスの安定供給について合意を取り付けたという。ウクライナへの武器供与は反対、ウクライナ向けのＮＡＴＯの武器が自国内を通過するのも拒否している。そしてさらにやっかいなのは、彼がゼレンスキー大統領を「敵対者」と表現していることだ。

これからのハンガリーの動向にも目が離せない。

第3章

未承認国家『沿ドニエストル・モルドバ共和国』

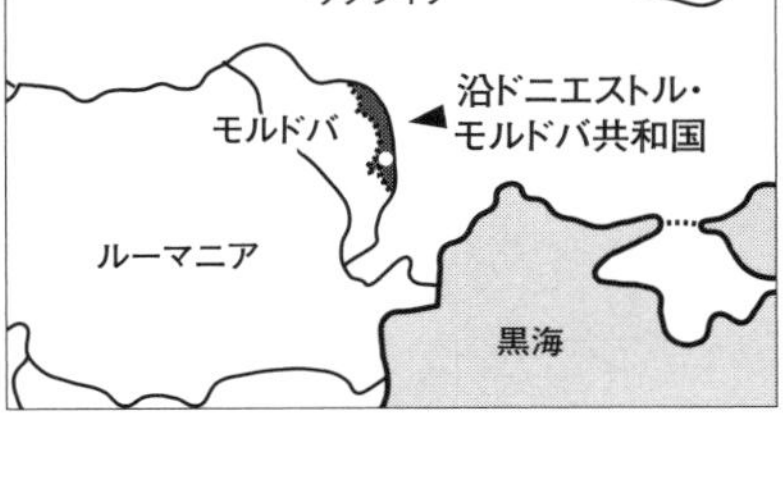

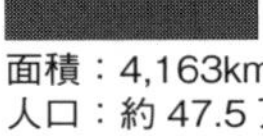

面積：4,163km^2
人口：約47.5万人（2015年）
首都：ティラスポリ（※○の場所）
通貨：沿ドニエストル・ルーブル

未承認国家とは

国家というものは、自分達で勝手に「国である」と意思表示をしても、他国から承認されなければそれは国として認められない。どこの国にも承認されていない、またはごく一部の国からしか認められない国のことを「未承認国家」と呼ぶ。

モルドバの首都キシナウから車で約1時間半の場所に「沿ドニエストル・モルドバ共和国」(以下：沿ドニエストル)として独立国家を主張している国がある。だがこの国は他国からは承認されていない未承認国家で、国際法的にはモルドバに属している。

俺は2017年に刊行した『未承認国家に行ってきた』(彩図社)で、沿ドニエストルについてこんなことを記述しているので抜粋したい。

「なんて不思議な名前の国なのだろう。そして、この国の名前を知っている人はどれくらいいるのだろうか?

沿ドニエストルは国際的にモルドバ共和国の一部となっており、独立国家としては認められていないが、独自の軍隊、議会、通貨(沿ドニエストル・ルーブル)、国歌を持っていて、大統領もいる。」

こうした興味もあったので、6年前の2016年に沿ドニエストルを訪れたのだった。あれから訪れる日本人も少し増え、彼らから情報などをもらっていた。しばらく特に大きな変化はなかったが、俺が再び沿ドニエストル行きを決めた時期にロシアとウクライナの情勢がキナ臭くなった。ロシアは軍事作戦として、ウクライナ東部のドンバス地方および南部の掌握も視野に入れている。そこに沿ドニエストルを加えるとクリミアを含めた〝侵略の回廊〟ができ上がるのだ。これによりウクライナの弱体化を図り、ロシア軍が駐留する沿ドニエストルの軍事的な存在感が出てきた。

2022年4月25日、ロシア国営通信は沿ドニエストル共和国首都のティラスポリにある、国家保安省の建物周辺で爆発音が相次いだと報じた。日本でもニュースになっていたが、ウクライナ保安庁はロシアによる自作自演の挑発行為だとの見解を示した。俺も動画を観たが、杜撰なやり方で、ロシアの諜報員がその程度なのかと呆れた。

これが沿ドニエストル共和国の当時の状況だ。編集Mも「くれぐれも無理はしないでください」と心配するが、そもそも入国できるのかという懸念があった。爆発事件の後、モルドバから沿ドニエストルに行く道は車の渋滞が続き、西側の人は入国拒否されるとの情報もあったからだ。

6年ぶりに沿ドニエストル

キシナウの市場からティラスポリ行きのミニバスが出ている。車内は8割ほどの乗客が乗っていて、外国人は俺と梅田さんだけだ。単調な道が続き、出発して1時間程で国境に到着した。

俺は今「国境」と書いたが、本来、未承認国家において「国境」など存在しない。未承認国家は国際上の「親国」（沿ドニエストルの場合はモルドバに該当）に属するか、国としては認められていない。よって通常ならグリーンライン、レッドゾーンと呼ばれるが、ここでは混乱を避けるために「国境」と書こうと思う。

かつて沿ドニエストルの国境は密輸の温床と言われていた。モルドバ、ロシア、ウクライナなどの悪党が未承認国家という特殊な環境を活かし、人身売買、武器、麻薬の密輸、その他いわくつきの商売の中継地点として使われてきた。

国境に到着し、乗客はパスポートを持って降りる。昔は沿ドニエストル在住の人、つまりロシア・パスポート所持者はそのままスルーだったはずだが、皆一様に降りて〝入国審査〟をされる。パスポートの話を書いたが、沿ドニエストルの住民は二重国籍を認められており、世界で通用しない沿ドニエストルのパスポートではなくロシア・パスポートを持っている。

審査がある建物に入る。入国拒否はされないだろうか？　なにせ日本はロシアの敵であるウクライナを支援しているのだ。それを理由に断られる可能性もゼロではない。入れるかわからないと梅田さんにはあらかじめ伝えていたが、やはり少し心配だった。

6年前、入国審査の係官は旧ソ連を連想させるような制服を着ていたが、今ではどこにでもあるような制服に変わっていた。質問も男性係官が流暢な英語で尋ねてくる。

「宿泊はするの？」

「日帰りです」

「この入国証明の紙は重要なので出国まで無くさないように」

意外とフレンドリーであった。かなり質問も緩くなっており、6年前よりも平和を感じてしまう。梅田さんは英語の質問で苦戦しているようで、時間がかかっている。

審査を終え、歩いて国境を越えると青年が話しかけてきた。

「あなたは中国人？　それとも日本人？」

彼はキシナウに住んでいて、親戚を尋ねるために頻繁に沿ドニエストルを行き来しているようだ。彼のようにモルドバと沿ドニエストルに住む人は制限なく往来している。

「驚いたな。日本人が乗っていたことなんて今まで1回もないよ。なんで行くの？」

説明が面倒だし、余計なことを言いたくなかったので、簡潔に答える。

「ヨーロッパを旅行していてキシナウに泊まって、ティラスポリは日帰り観光なんだよ」

「わ～お。驚きだな。普通、旅行ってトルコとかに行くじゃない。なんでまた何もないモルドバや沿ドニエストルなんだ。君は変わっているね。興味あるから声をかけたんだよ」

外国人がモルドバや沿ドニエストルを旅行することは、地元の人にとっても相当変わっていると認識されることのようだ。

青年と話し終わると激しい尿意が襲ってきた。少し離れた所にトイレマークがあったので急いで入るが、穴が空いているだけの中国の田舎にあるような絶望的なトイレだった。こんな汚いトイレを見たのはいつぶりだろうか。後悔するが、漏らすよりはましだ。

ミニバスが発車する寸前、梅田さんが審査を終えて戻ってきた。そして運転手に「すみません。トイレに行くので少し待っていてください」と言うので、絶望的に汚いトイレを思い出して「トイレやばいよ。行かない方がいいかも」と伝えるが、無視して走っていってしまった。

数分後に梅田さんが戻ってきてミニバスは出発したが「酷いトイレだったでしょ?」と聞いても、彼はずっと黙ったままだった。

謎の国に入国

バスはロシア軍の駐屯地のような場所を走る。沿ドニエストルはモルドバ政府の支配が及ばない地域だ。約1500～2000人のロシア軍が駐留し、国民もロシア系住民が多い。ちなみにロシアは沿ドニエストルを国としては承認していないが、いずれ併合しようと考えているのかもしれない。

ソ連時代末期、モルドバの国内ではソ連から独立して、ルーマニアとの統合を求める勢力が出現した。沿ドニエストル側にとってルーマニアとの統合は絶対に避けたいが、自分達の主張を正当化するには好都合だった。沿ドニエストルは第二次世界大戦中、ルーマニアに一時的に占領された過去を持っている。そこで沿ドニエストル側はこれを政治利用し、「もしルーマニアとモルドバが合併したら、沿ドニエストルはルーマニアから再度侵攻されるかもしれない」というプロパガンダを普及させたのである。

1992年6月にモルドバ軍は、沿ドニエストル経済の要であるベンデル市を占領した。そうした中、沿ドニエストルに駐留していた第14軍と呼ばれる旧ソ連軍（ロシア軍）が軍事介入を開始。ロシア軍の介入によって不利になったモルドバ軍は撤退せざるを得ず、両国はモスクワで停戦合意を行った。約5カ月続いた武力紛争は一時停戦という形で終結した。こうしてモルドバは、沿ドニエストルを実効支配できないまま停戦を迎え、沿ドニエストルは未承認国家となったのだった。

沿ドニエストルの総人口は２０２１年時点で約46万人と言われ、対外主権をもたないが、独自の通貨や国旗、国歌などがある。

車内からの景色は殺風景で、畑が広がっているわけでも、高層ビルがあるわけでもない。

「沿ドニエストルの主要産業って何ですかね？　こんな孤立状態でどうやって生活しているのか疑問ですね」

梅田さんが言う。

この国の主要産業は金属産業、コニャック産業、モルダフスカヤ発電所などだ。モルドバで実際に消費される電力の約8割が沿ドニエストルで発電されているのだ。モルドバが独立を認めるはずがない一因がここにもある。

バスは終点の鉄道駅に到着した。ここはバスターミナルでもあり、以前行ったことのある懐かしい場所だ。しかしトイレはなぜか利用不可になっていて、さらに両替所も閉まっている。沿ドニエストルでは自国通貨しか使えないうえにクレジットカードも使用不可なので、早めに両替をしたい。この国は独自の中央銀行・沿ドニエストル共和国銀行を持ち、自国通貨の沿ドニエストル・ルーブルを発行している。この通貨は自由変動相場制で兌換可能であるが、沿ドニエストル国内でしか使用できない。キシナウにたくさんあった両替所で試しに両替をできるか聞いてみたが、鼻で笑われた。

駅は中心地から少し離れているが、地理感覚がないのでスタートにするのにはいい。気温は高くて32℃ぐらいだが、日差しがきついだけで日陰に入ると過ごしやすい陽気だ。6年前の旅では、駅前で道を渡ろうとしたら、ボロボロの車が凄いクラクションを鳴らして走ってきて危ない思いをした。なぜか運転手の方が怒っていて、運転マナーが悪い印象が残っている。

駅から少し歩くとロシア正教会がある。人は少ないけど立派な建物だ。この教会にしても、寂れた街の雰囲気も、ロシアの田舎町に似ているような気がする。

街の中心に入って両替をするが、スタッフの女性はロシア語で一方的に何か言ってきて更に不愛想だ。沿ドニエストルは「親ロシア」のイメージが強いが、民族的にみるとロシア人の割合は3割程度で、モルドバ人と同等の割合だ。その他にウクライナ人やベラルーシ人、ブルガリア人などがいる多民族社会である。

ティラスポリの街並み

野良犬の姿がない

街を歩いて感じたが、市内のインフラが以前よりもかなり改善されている。歩道も綺麗になり、信号機も最新式が設置されている。6年前のティラスポリは野良犬というか野犬の群ればかり目についた。明るいうちから5〜8匹で街を闊歩していたのだ。昼間はまだ大人しいが夜はどうなるかわからない。あまりの多さに驚き、これは非常に問題だと思った。

当時、バスでティラスポリに移動する車内から見た光景が忘れられない。5歳ぐらいの男の子と母親がいて、周りに通行人も多かった。小さな野犬が子供に吠え、怯えた子供が蹴っ飛ばそうとすると野犬が子供に襲い掛かっていたのだ。母親が助けに行くが、そこでバスは出発してしまい後の展開はわからない。しかし、あの距離とスピードでは間違いなく子供は噛まれてしまっただろう。極めつけは博物館が密集するエリアの公園で犬の群れ同士の「仁義なき戦い」が繰り広げられていたのだ。ひどく激しい戦いで、ベンチに座っていた人は逃げまどい、俺は恐ろしくて公園から遠ざかった。野生動物の縄張り争いを街の中心で展開していたのだ。

その後、この国に行った複数の旅人にその話をしても、口を揃えて「そうですか？　野良犬はあまり見かけませんでしたけどね」と言っていたのだ。にわかに信じがたかったが、今回の旅で弱そうな2匹の犬を見ただけだったので、本当に減ったとしたら良いことだ。

ティラスポリ観光

ティラスポリは正直、観光名所と呼ばれる所はない。中央通りを歩くと1950年代に建てられた、赤、水色、緑の色が描かれる「ソビエトの家」が目に留まる。そこにはレーニン像があり、現在はティラスポリ市の市庁舎となっている。

梅田さんが「腹が減りました」と言うので、少しお洒落なレストランに入ることにした。そこはルーマニア料理店のようで、女性スタッフは民族衣装を着ている。この街で商売しているモルドバ人が多いと聞いていたので、オーナーもその１人なのかもしれない。

俺はボルシチとパンを注文して、梅田さんは肉とスープを頼んでいる。どちらも美味しかったのだが、先ほど両替した金で足りるか心配になった。クレジットカードは使えないし、ＡＴＭでも下ろせないのでどちらかが両替所まで走らなければならなくなる。

結局お金は足りたので杞憂に終わるが、クレジットカードが使用できるか尋ねてみた。スタッフは一度「ＯＫ」のようなジェスチャーをしたが、俺たちのカードを見ると「ダメ」と言われた。西側のものではなく、きっとロシアの銀行が発行したものなら大丈夫なのだろう。

ドニエストル川

しばらく街を歩き、中心街を逸れるとソ連感丸出しの建物が増えてきた。そういえば以前来た時にドニエストル川を見ていなかったのを思い出し、見にいくことにした。住宅街の単調な道を進む。人はほとんど歩いていないが、後ろから「ニーハオ」と言ってくる40歳ぐらいの男がいた。

「日本人ですよ」

ドニエストル川と渡し舟用の桟橋

「わ〜お、珍しいね。ようこそティラスポリへ。観光かい？」

「はい、そうですよ」

「来てくれてありがとう。楽しんでね！」

そう言って、スタスタ歩いていってしまった。

ドニエストル川が見えてきた。川辺で数人の男が涼んでいる。川は汚く、流れは速い。対岸では少年たちが泳いでいる姿も見える。

沿ドニエストルの地名は、ドニエストル川に由来している。この川は、現在のモルドバと沿ドニエストルを地理的に分けて繋ぐ河川となっていて、上流から見て、川の左岸に位置する地域として、日本語では「沿ドニエストル」と呼ばれている。

すぐ傍には渡し舟があり、対岸まで人や車、

なんの変哲もない団地の壁にガガーリンの肖像が描かれている

物資を運んでいる。少し調べてみると川岸の沿ドニエストルに囲まれているモルドバの村があるようだ。村人の移動手段は舟だけのようで、ロシアによるウクライナの侵攻時やモルドバでも戦争になるという噂が入った時には、ＡＴＭで預金をおろし、村から出ていく人が続出したという。もしモルドバが戦争に巻き込まれると、村が最前線になり、ウクライナのようにロシア軍になにをされるかわからないと警戒したようだ。

ガソリンスタンドのプーチン

その後、公園を見学して街の中心にある市場にやってきたのだが、綺麗な建物の中にあり、あまりに普通で面白くなかったので目の前にあるバス停からキシナウに戻ることにした。あと１時間は街をふらつきたかったが、梅田さんが暑さと疲れからか体調が悪くなっている。

キシナウ行きのミニバスに乗り込んだが、走って10分でガソリンスタンドに停まった。他の乗客が俺たちに「給油するので一旦車から降りて、ここのベンチで待機するんだよ」と教えてくれる。待機所には俺たちのミニバス乗客以外にも数人いてタバコを吸っていた。

こちらの顔が鏡のように写るサングラスをした男が、俺の方を見ている。顔の骨格がプーチンに似ていて、完全なロシア系の男だ。あまりにジロジロ見てくるので沿ドニエストルの秘密警察で不審な外国人をチェックしているのかと少し身構える。

「君は日本人？　それとも中国人？」

訛りの強い英語で男は話しかけてくる。

「日本人です」

「この国で仕事を探しているのか？」

意表をつくことを言う。なんで日本人がこの国で仕事を探すんだ。

「いや、まさか。キシナウから日帰り観光ですよ」

彼はロシア系の沿ドニエストル住民のようだ。彼とは日本の話題になり、「日本は憧れがあるから行ってみたいんだよ」と非常に友好的で「ようこそ沿ドニエストルへ」なんて言っている。かなりイイ人そうなので軽いノリで大事な質問をぶつけてみた。

「ロシアのウクライナの侵攻についてはどう思っているの?」

「僕はロシア人。戦争は嫌いで人が殺されるのはツラいけど、ロシアだけが別に悪いとは思っていないよ。両方悪いかな」

そこへ運転手が叫ぶ。

「もう出発だよ!」

別れ際に「写真を撮らせてよ」と男に頼んだが、「恥ずかしいから勘弁してよ」と彼は後ろを向いてしまった。ミニバスに乗りこんで窓から彼を見ると、手を振ってくれた。

さようなら沿ドニエストル

ミニバスはバスターミナルに停まり10分間の休憩をとる。梅田さんは余った金でコーヒーやお菓子を買っている。出発すると間もなく国境に到着した。

軍服を着た怖そうな顔の係官がドアを開け、乗客6名のパスポートと入国時にもらった紙を集

国境で隠し撮りした写真。右のバンで入出国をする

めて事務所に戻ってしまった。運転手は少し離れた場所でタバコを吸っている。国境は写真禁止区域だが、このチャンスで撮りたい。以前来た時は写真を撮ったのがバレて警備兵の前で撮影した写真を消したことがある。もし怒られてもまた削除すればいいだろう。俺は運転手の目を少し気にしながらシャッターを押した。

　そして2枚目を撮影しようとした時、係官がちょうど事務所から出てきて俺と目が合ってしまった。怒った表情で俺を見る。俺の負けか。1枚しか撮っていないが写真の削除を覚悟した。

　係官が近づいてきて俺にこう言った。

「これを皆に配ってくれ」

　それは乗客6名のパスポートだった。

第4章

もう1つのルーマニア人国家『モルドバ』

面積：3万3,843km^2
人口：約259.7万人（2021年）
首都：キシナウ（※○の場所）
通貨：モルドバ・レイ

モルドバは大丈夫か?

ロシアがウクライナに侵攻してから2カ月後の2022年4月22日。ロシア軍中央軍管区のミンネカエフ少将が、軍事作戦の一環としてモルドバ東部のトランスニストリアへの勢力拡大を示唆した。

「ロシア系住民が虐待されているから保護する必要がある」という理由で戦局が拡大することが懸念され、日本のニュース番組でもモルドバの人にインタビューが行われていた。俺が行く直前にモルドバでも戦争が始まってしまう可能性があり、飛行機が飛ばない事態になればチケット代も損してしまう。直前までどうなるかわからない状況だが、考えていても仕方ないのでとりあえず行ってみようということになった。

モルドバの首都キシナウに行くのは6年ぶりで、その時の感想は「もう二度と来ることはないだろう」だった。まさか再訪するとは思わなかった。

ルーマニア人が国民の大半を占めるモルドバ共和国。面積は九州よりも少し小さく、人口は264万人(2020年時点、モルドバ国家統計局)。昔の資料と比べると人口が減っている。おそらく出生率の低下と海外への人口流出が原因だろう。民族構成はモルドバ(ルーマニア系)

人（75・1％）、ウクライナ人（6・6％）、ロシア人（4・1％）、ガガウス（トルコ系）人（4・6％）等となっている（2014年、モルドバ国勢調査）。公用語はルーマニア語とほぼ同じのモルドバ語と、旧ソ連時代の影響からロシア語も通じる。

嫌になる長距離移動

2022年7月20日、ブルガリアのソフィアを発ったフライトは、トルコのイスタンブールに到着した。ここでのトランジットは8時間もある。本当だったらもっと乗り継ぎ時間が短かったのだが、欠航したために別の便に振り替えたのだ。それにしてもイスタンブールの空港は大きすぎて不便だ。飲食も凄く高いし、搭乗ゲートの表示が50分前ぐらいに出て、確認してから搭乗ゲートまで徒歩で20分ぐらい移動しなければならない。おまけにキシナウ行きの搭乗ゲートに到着すると、30分遅延の知らせが入った。

キシナウの空港に到着したのは22時を過ぎていた。そこからタクシーで6年前にも泊まったキシナウ・ホテルに向かう。そこはソ連時代に造られた共産主義的建物で、内部が独特な造りだったので気にいっていた。

タクシーが停まり、ホテルに入ろうとしたが開かない。大きなホテルで23時前に開かないとはどうなっているのだろう。ブザーを鳴らすと寝起きなのか、眠そうな顔をした不愛想で70歳ぐらいの男が出てきた。そして怒ったようにロシア語でまくし立ててくる。そもそも英語ができない人を夜勤帯に働かすなよと心の中でぼやいていると、この男のことを思い出した。

彼は6年前にもこのホテルにいた。エレベーターの横に椅子とテーブルを置き、警備員みたいなことをしていた。ソ連時代の名残で客の出入りを監視する役目なようだが、当時から無用の長物だった。きっとソ連時代から彼は働いていたのだろう。今はその役目も不要になったが、夜勤係にされたのかもしれない。英語もできないけど。

それにしても23時近くの時間帯で大きなホテルの入口が閉まっているのは問題だろう。夜遊びして帰ってくる人もそうだが、館内が禁煙のためタバコを吸いに外に出る場合もいちいち男に声をかけないといけない。

フロントに行って予約表を見せてもらうと、俺たちの他に2組いた。鍵をもらい、エレベーターに乗る。狭くて遅く、相変わらず、キュル……キュル……と独特の変な音を発している。フロアの廊下は長く天井が高い、独特の造りだ。部屋はなぜかスイートルームで無駄に広く、居間、寝室、クローク、荷物を入れる部屋があった。

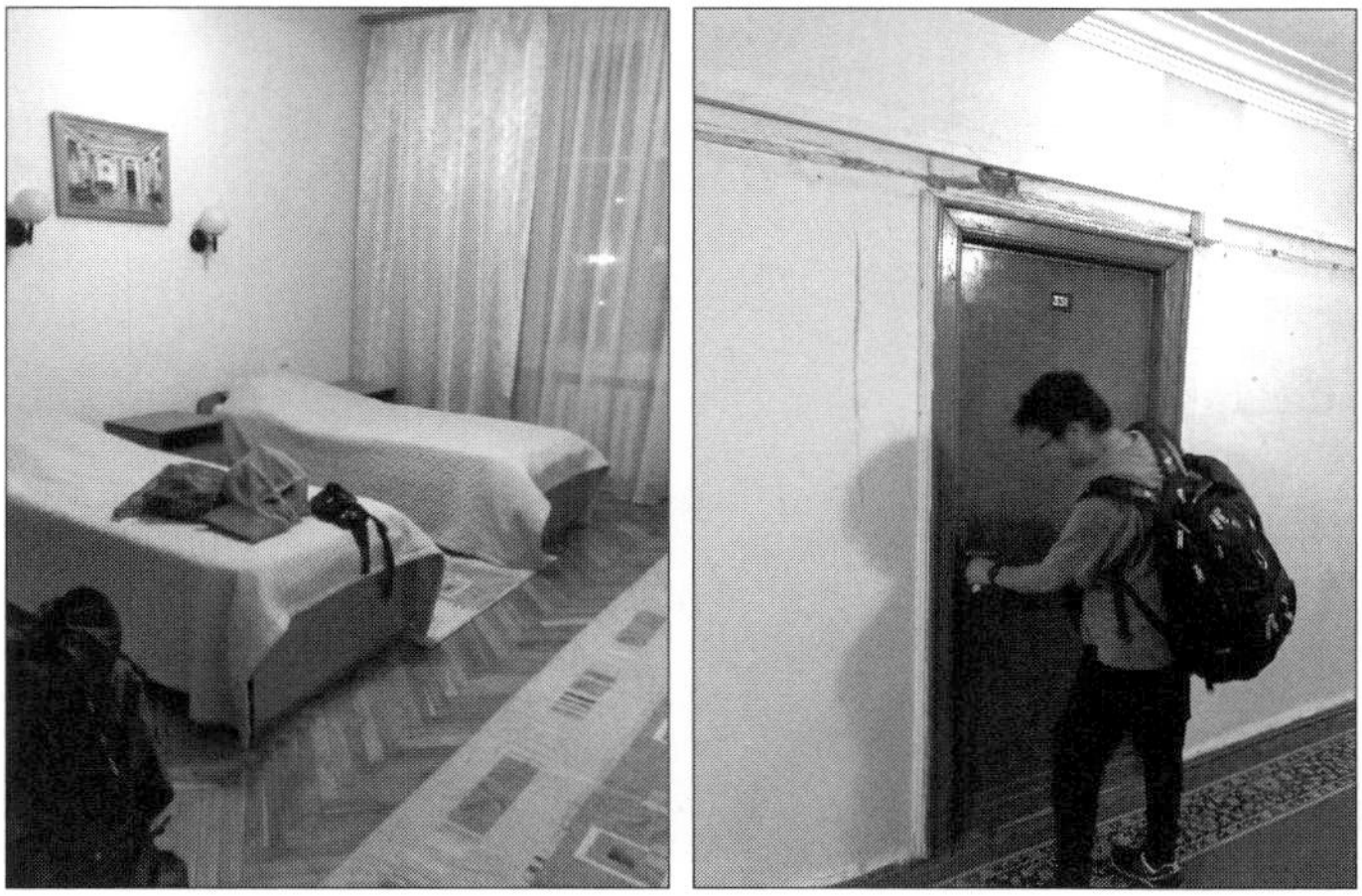

ソ連時代を彷彿とさせるホテル

野菜を投げるな！

部屋には水もないので買い物に行きたい。近所に開いているような店はなさそうだが、そういえばショッピングセンターの1階にスーパーマーケットがあったので行くことにした。寝ている「門番」を起こして外に出てみるが、誰も歩いていない。野良犬や怪しい奴もいないのでその辺りは問題ないようだ。

こんな時間でも店は開いていたが、夜12時の閉店に合わせて客が来ており、意外と混んでいる。俺はお菓子や飲み物を、梅田さんは野菜を食べたいと言ってパプリカとトマトをビニールに入れてレジに持っていく。すると、若い女性店員が何か梅田さんに文句を言ってくる。英語で言ってくれと頼むが現地語でまくし立てる。

どうやら野菜の買い方のルールがあるらしいのだが、ルールがわからない外国人が困っているのに教えてくれるどころか怒るなんて。挙句の果てに飲み物だけスキャンして、野菜は女の足元に置いてあるカゴに勢いよく捨てるように放り投げた。接客態度もそうだが、店の商品を投げるなんて店員として許しがたい行為だ。

野菜を購入できなかった梅田さんは、食べたい気持ちよりも買えなかったことに納得がいかないようで「また再度、購入トライしていいですか?」と言う。俺もついていくことにした。

地元の人に聞くと、野菜が置かれているカゴの上に番号がある。量りのような台の上に購入したい野菜を載せて、その番号を打ち込むようだ。するとシールが出てくるので、野菜を入れたビニールに貼る。それで完了とのことだが、先ほどと別の女性店員のレジに行ってみるとまだ買い方が違うと言われた。しかしその店員は優しい人で、他のスタッフを呼んで親切に野菜の買い方を教えてくれた。無事に野菜を買えた梅田さんもご満悦だ。

ちなみに野菜を投げた女性店員には2日後にまた会った。俺1人で買い物に行き、レジでタバコの銘柄を伝えるとすごく嫌な顔になる。「ああ、この女は東洋人を差別しているのだな」と直感した。俺はタバコを2箱欲しいと言っていたのに1つしか取らないし、早くレジを終えたいような態度だった。

キシナウ観光

翌朝フロントに行くと、英語がペラペラの年配の女性スタッフがいた。感じが良く、空室があったからと俺たちの部屋をサービスでスイートルームに替えてくれたようだ。だが、昨晩梅田さんが浴槽にお湯を溜めて浸かっていたら、どこかに穴が空いているらしくお湯が漏れ、排水溝もないため浴室が大洪水に。結局、シングルルーム2部屋に替えてもらうことになる。

「あなたたち、親子?」

女性スタッフが言う。

「え、違いますよ」

「あら、失礼、ごめんなさい」

今回の旅で同じことを2回も言われた。梅田さんは俺を父親のように頼ってきているのが行動から読み取れるのかもしれない。それに彼は童顔で、肌がツルツルだ。旅の最初の頃はネズミ男のような中途半端な顔髭を生やし、常日頃からバカボンパパのような鼻毛がある。それをちゃんと整えてもらいさっぱりしたのも一因かもしれないが、外国の人には梅田さんはかなり若く見られるのだろう。

気を取り直してキシナウの街観光に出かけることにする。俺は6年前に来ているので梅田さんを案内する形だ。キシナウとは「新しい泉」というルーマニア語に由来している。この泉は現在も市の中心のプーシキン通りにあり、ここから街が形成されていった。

国会議事堂があり、屋上には国旗がはためいている。モルドバの国旗は、ルーマニア国旗にモルドバの国章の鷲とベッサラビアの牛がデザインされている。ルーマニアとモルドバの両国は文化的、民族的にも非常に近い関係にある。

キシナウの街は6年前に比べると道路が綺麗になり、ある程度のインフラは進んだように思えた。以前なかったショッピングモールも街の真ん中に建てられている。

キシナウは第二次大戦で激しい空襲に遭った。その後、社会主義的な街の建設が始まり、碁盤の道路網を敷き、その中心に公園や広場を造った。碁盤の目の中央を走るシュテファン・チェル・マレ大通りを進むと、1846年に建造された凱旋門がある。当時のモルドバは帝政ロシアの領土で、そのロシアとオスマン帝国の戦争においてロシア軍の勝利を記念したものなので「勝利の

６年前と比べてインフラが整備されたキシナウの街並み

門」とも言われる。凱旋門といえばパリが有名だが、それに比べるとかなり小さく時計台のようだった。

凱旋門の背後には、１８３６年に建てられたモルドバ正教の総本山、ナスレテア大聖堂が目に入る。街の中心地には大きな市場があり、活気にあふれている。東南アジアや南米の市場に似ているかもしれない。

このあたりはスリが多いようなので、念のため梅田さんに伝える。モルドバは欧州の最貧国とも言われ、人口の半分は貧困層だ。それゆえか、市場とは別に道路の横に自分の家のタンスから出してきたような服や日用品などを売る年配の女性の姿も多く見える。

だが、インフレ＆円安の影響もあって、特

段物価が安いとは感じられなかった。

モルドバの歴史

凱旋門から10分ほど歩いたところにある、モルドバ国立歴史博物館に入る。来館者が少ないわりに学芸員がやたらと多いのは6年前と変わらない。

モルドバの国土は歴史的にモルダヴィアと呼ばれていた。1512年にオスマン帝国の属領となってからは間接統治下に置かれることになる。18世紀に入るとロマノフ王朝のロシア帝国がコンスタンティノープルに向け南下政策をとり、ロシア帝国対オスマン帝国の戦いに巻き込まれることとなった。

1812年のブカレスト条約においてロシア帝国はモルドバ公国の一部を獲得し、その一帯をかつてのルーマニア人支配者バサラブ家の名前にちなんで同地をベッサラビアと命名。ロシア革命が起こると、モルドバ議会はロシア帝国からの独立を宣言する。続いて1918年にルーマニアとの統一を議決して、旧モルドバ公国領の復活と同地を含め大ルーマニア国家が成立した。

それから約20年後、第二次世界大戦中の1940年のこと、ルーマニアはソ連からの最後通牒に合意して南ベッサラビア及び、北ブコヴィナをウクライナに割譲する。残るベッサラビア領土をそれまでも存在していた「モルダヴィア・ソヴィエト社会主義自治共和国」と合わせて「モルダヴィア・ソビエト社会主義共和国」とすることに決定した。

モルドバは独ソ開戦（１９４１年６月）の際に一時的にルーマニアの占領下に置かれたが、第二次大戦後にソ連への割譲が国際的に認められた。その後、ソ連邦の構成国家の１つとして国有化や集団農場化などの社会主義政策が進められていったのだが、１９８０年代後半になるとソ連でペレストロイカやグラスノスチ政策の始まりとともに民族主義者が息を吹き返していく。モルドバ国旗の採用、モルドバ主権宣言などモルドバ化が進められ、１９９１年８月27日、モルドバ共和国はソ連からの独立を宣言した。

旅の最初に心配していたロシア軍の攻撃はなさそうで、キシナウの街はいたって平和だった。しかし、モルドバには親露派地域もあり、そこの住民はロシアとプーチンを支持し、一連の侵攻は全てアメリカの陰謀だと言っている。国内問題もいろいろ複雑なことになっているようだ。

現在のモルドバの大統領はマイア・サンドゥという女性である。モルドバ初の女性大統領で、彼女はルーマニアの市民権も所持していて、ロシア語、スペイン語、英語を話す。

マイア・サンドゥ大統領はロシアからの武力侵攻があった場合、NATOのメンバーであるルーマニアに支援を要請することを明らかにしている。今回の戦争でロシアが自国民に召集令状を出した際は、沿ドニエストル共和国の住民にも動員をかけるという報道もあった。しかしサンドゥ大統領はそれに対しすかさず警告を発した。「もし、沿ドニエストル共和国の住民がロシアの動員に応じたら市民権を剥奪する。また、モルドバ人がロシア側の傭兵として戦ったら厳罰化することを検討している」という。

ロシアとの関係のバランスが求められるモルドバだが、この大統領であればより良い方向にモルドバを導いてくれるかもしれない。

第5章

国が消滅した歴史を持つ『ポーランド』

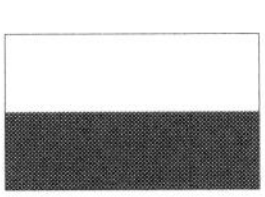

面積：32.2万 km^2
人口：約3,801万人(2022年)
首都：ワルシャワ（※○の場所）
通貨：ズロチ

ウクライナの「友人国家」ポーランド

２０２２年7月25日、俺はポーランドの首都・ワルシャワの国立美術館に向かっていた。美術館付近にある公園を横断して大きな通りに出ると、建物の入口に飾られているウクライナの国旗に目が留まった。ここは何だろうと思ってしばらく見ていると、人が出入りしている。

興味が湧いてきたので中に入ってみると、ウクライナ難民の施設だった。女性用の服が吊るされ、女の子が1人、遊具で遊んでいる。そこには女性しかおらず、受付のような場所では難民の方だろうか、手続きをしていた。入口にいたウクライナ人女性によると、戦争が始まって数カ月はかなり人がいたようだが、今は少なくなったらしい。女性が俺に言う。

「ロシアは許せない。私たちの平和を返してほしい」

写真を撮らせて欲しいと頼んだが、それは断られたのでお礼を言って退散した。

ポーランドは強国に侵略された歴史がある。ソ連とナチス・ドイツから侵略される以前の１７７２年、１７９３年、１７９５年の３度にわたり、ロシア、オーストリア、プロイセンという強国によって３つに分割された。独立を求める民族蜂起も失敗に終わり、事実上、国が消滅してしまった。

俺が大好きな音楽家フレデリック・ショパンはポーランドの出身だ。ちなみにワルシャワの空港名は「ワルシャワ・ショパン空港」である。彼の「革命のエチュード」という曲は、1831年、ポーランド消滅時代のロシアによるワルシャワ侵攻をきっかけに作られ、ポーランドの人々の苦しみが表現されていると言われている。それを知ったうえで曲を聴くと、鳥肌が立ち、切ない気持ちになる。

こうした歴史的背景を持つポーランドは弱者に対する同情心があり、ロシアによる隣国ウクライナへの侵攻当初からかなり支援をしている。攻撃が首都キーウに迫っている中でも、EUの外交使節の中で退避しなかったのがポーランド大使だけだった。

ウクライナ支持で象徴的な動きがあった。ロシアの攻撃が続いていた2022年3月15日にポーランドのモラヴィエツキ首相とチェコのフィアラ首相、スロベニアのヤンシャ首相の3人がキーウを訪れて、支持と支援を表明した。なかでもポーランドはウクライナ人の救済に関する法律を制定した。その法律によってウクライナ人はポーランド域内で18カ月の滞在が可能となり、PESELと呼ばれるポーランド・国民識別番号の取得も可能になった。つまり、
1・公的医療を無料で利用することが可能となる

2・ポーランドで教育も受けられる
3・労働もできる
4・給付金も受給できる

ウクライナとの国境に41もの避難所を設置し、また鉄道駅や都市間のバス駅近くに148ものサポート案内を作ってポーランドを中継した別の国への移動も助けている。

これ以上は書ききれないが、ここまでポーランドがウクライナ支援に熱心なのは、文化、社会的に強い絆で結ばれていることも大きいかと思う。言語や食事、他の部分でも良く似ているようで、ロシアによる侵攻以前、ポーランド国内には既に、100万人のウクライナ人が住んでおり、共に社会を形成していた。

また、地理的な点から冷静に見れば、ウクライナがロシアの領土になってしまったら今度は自分たちの番だという危機感もあるのだろう。ポーランドの人々にとってウクライナの危機は、全く他人事でないのが最大の理由かもしれない。

ちなみに、ポーランドの古都・クラクフは、ロシアの侵攻が始まって最初にウクライナ難民が大勢押し寄せた街だ。旧市街のレストランの入口には英語やフランス語、スペイン語など6カ

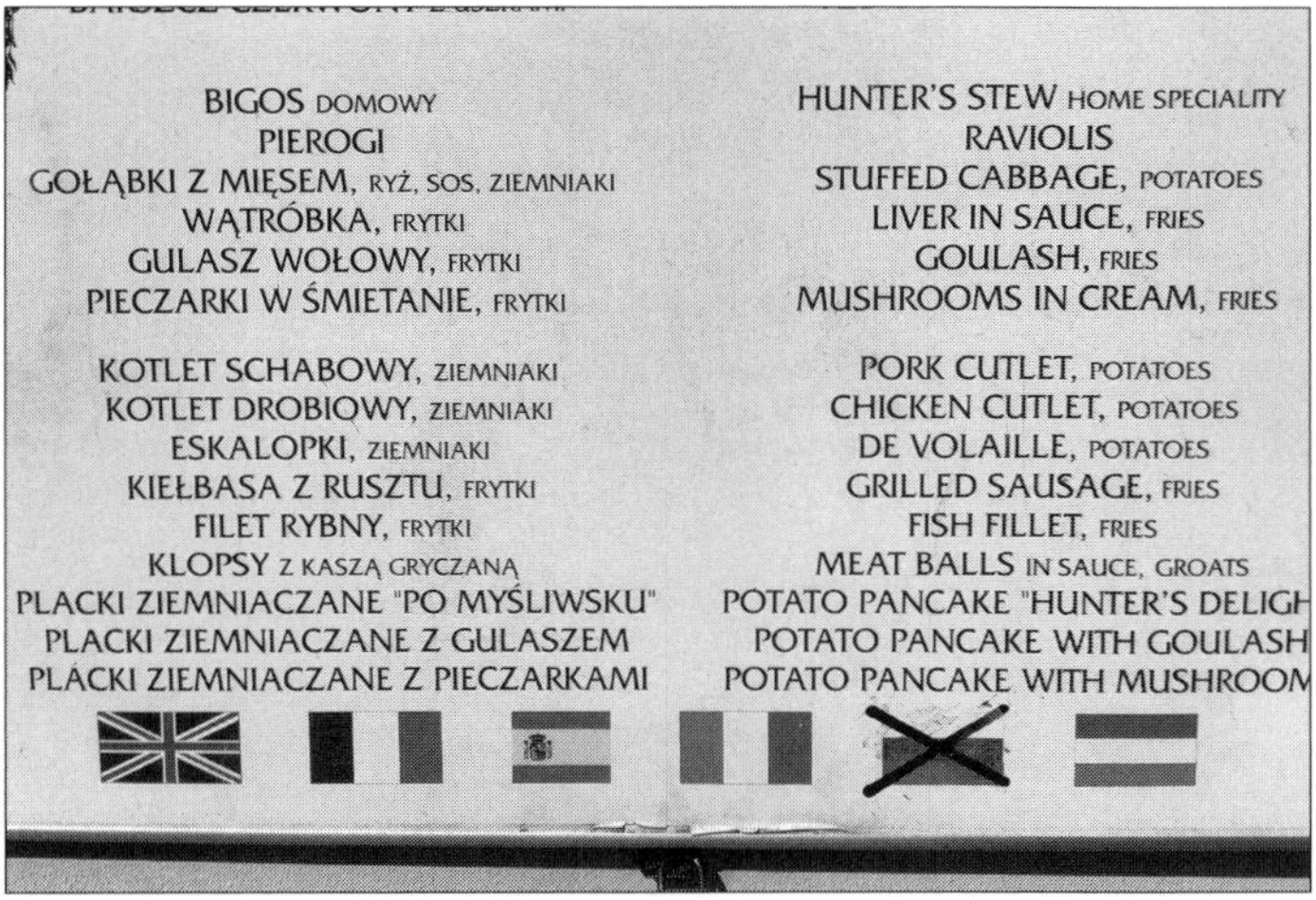

クラクフのレストランのメニュー。ロシア国旗に「×」が書かれている

国ぐらいのメニューに対応していると表示があったが、ロシアの国旗の所には×印があった。

駅の旧舎にはやはり難民施設があり、中央広場ではデモが行われていてウクライナ人が「ロシアはテロリスト」「嘘つき国家だ！ 人が大勢殺されている。支援をしてください」などと訴えていた。12歳ぐらいの少女たちも「ウクライナの子供たちの為に募金をお願いします！」と声を上げる姿があった。

救いのフォー

少し時を遡り、ワルシャワ・ショパン空港に到着した俺と梅田さんはどうも体調が悪かった。ホテルに一刻も早く着きたかったのでウーバー・タクシーを呼び、急いで車に乗り込む。

「嵐さん、この運転手、ウクライナから働きに来ていて耳が聞こえないみたいですね」

車内の貼り紙にそのようなことが書かれており、「5スター（☆5の評価）を付けてね」とも記載されている。元々、
ポーランドはウクライナからの出稼ぎが多いと聞いていたが、早速巡り合った。彼は非常に愛想が良かったのでもちろん5つ星を付けた。

ホテルに着いて少し休んでフォーを食べにいくことにした。ヨーロッパの食事に飽きたのもあるが、2人とも体調が悪いので優しい食事をとりたい。ワルシャワにはベトナム、チャイニーズ、タイ料理レストランがたくさんあり、寿司の看板も多く見られる。

なぜポーランドにアジア料理屋が多いのかというと、俺の持論だが、食事が不味い国や地域で

ウクライナから来ていた運転手

はアジア料理が多い。アメリカ、オーストラリア、ニュージーランド、イギリスがいい例で、レストランを出店したら儲かるのだ。地元の人も美味しい味を知り、１人で入りやすい店も多いとなれば利用者は多いだろう。ポーランドの場合は飯の不味さプラス、社会主義国家の仲間として中国人とベトナム人が昔から流入していたからかもしれない。

一軒のベトナム料理屋に入った。店主はベトナム人で１人で来ている客も多い。疲れている体にフォーのスープと麺は優しかった。生春巻きも梅田さんとシェアして食べたが、美味しく感じるということは、それほど体調は悪くなっていないのだろう。それにしても救われた気がした。

ワルシャワは居心地最高

その夜中に熱が出て少しツラかったが、起きたら元気になっていた。俺は9時前には街へ出て１人で観光に行くことにした。とりあえず新市街の方に歩き始める。街は歩道も広く歩きやすく綺麗で、自転車専用レーンもある。車は信号がない横断歩道では絶対に停まらないといけないので、日本で歩いている時よりも気持ちが楽だ。今回の旅では、モルドバと沿ドニエストル以外の国で歩行者優先が見事に遵守されていた。

ポーランドは物価が決して安くないが、キャッシュレス化が進み、国民も英語を話せる人が多く、観光客も洋の東西を問わず多い。俺が初めてバックパッカーとして旅に出始めた１９９１年のポーランドは、「東側」なので日本人はビザが必要で、鉄道周遊券も使えず、情報も皆無だった。旅をしたいとは全く思えないエリアだったのだ。それでも足を踏み入れた当時の旅人から話を聞くと、物価は信じられないくらい安く、国民はロシア語が話せるけど英語はダメ、東洋人の旅行者など皆無で市民は彼を宇宙人かのように見てきたようだ。あれから30年、長い年月が過ぎたものだ。

スターリンの置き土産

大通りを歩いていると左手に、巨大で個性的な建物に目が留まった。

これは「文化科学宮殿」という建物で、マンハッタンの高層ビル街に嫉妬したソ連の独裁者であるスターリンが、「典型的なソ連時代の大建造物によく似た構造で建設しろ」と指令を出して作らせたらしい。ヨーロッパ都市部においても、最大規模の敷地面積がある建物だ。ちなみにスターリンは１９５０年代に、モスクワにも同じ理由で７つのビルを建設して現在でも異彩を放っ

スターリンの置き土産・文化科学宮殿

ている。これら7つのビル群は、モスクワでは「七姉妹」とか「スターリンのウエディングケーキ」などとも呼ばれている。

当時、ソ連からポーランド市民への〝贈り物〟として建てられた文化科学宮殿は、1952年に建築が開始され1955年に完成した。42階建てで屋上までの高さは188メートル、アンテナの頂上部まで237メートルあり、部屋は3288室にもなるそうだ。

当時ポーランドはソ連の衛星国だったので、スターリンからの〝贈り物〟を拒むことができず、それが今も街のど真ん中に堂々と存在感を示している。地階には入り組んだ秘密通路があるようで、観覧ツアーに参加すれば見学もできる。

ちなみに建物内部には、映画館やレストラン、イベントホールやオフィス、さらにはプールまである巨大施設となっている。大ホールは３０００人を収容可能だ。

現在でも建築的、歴史的背景などでこの建物に否定的な意見を持つ人もいるが、若い人の考えは少し違うみたいだ。「スターリン時代のシンボル」に大きな意味を見出すことはなく、ワルシャワにある現代の建物に比べてかなり優れていると考えて好きな人も多い。いずれにせよ、これは紛うことなく今の時代においてワルシャワのシンボルだ。

ちなみに海外に行くと困るのがトイレだが、この建物にあるトイレは無料で綺麗だったので見学ついでに利用することをお勧めする。

共産主義生活博物館

ワルシャワには「共産主義生活博物館」という施設がある。文字通り、共産主義下にあったポーランドの歴史を紹介するものだ。ご存じの方も多いだろうが、ポーランドは第二次世界大戦後にソ連の衛星国の１つとなった。

１９３９年９月に勃発した第二次世界大戦でドイツとソ連の攻撃を受けたポーランド政府は、

イギリスに亡命した。この時点で領土と国民のない政府だけの組織になった。イギリスはポーランド政府と軍の協力を得たいために、ポーランドの正当な主権は亡命政府にあることを認めた。

１９４１年8月にはアメリカ大統領ルーズヴェルトと共に戦争終結後、政府はもとの地域にその主権を回復するという「大西洋憲章」を発した。

ところがこの宣言の2カ月前に、ソ連とイギリスが接近した。イギリスにとってソ連は重要である。そこでイギリスのチャーチル首相は、ポーランドの処遇についてスターリンの意向に合わせることにした。イギリスの十八番・二枚舌外交である。チャーチルはモスクワにある「ポーランド全国国民評議会（後のポーランド人民共和国政府）」と接触し、亡命政府との約束を覆してポーランドの主権をこの組織に求めることになるのだ。

１９４5年1月にソ連軍がワルシャワを解放すると、モスクワにあった臨時政府も本拠地を移した。ポーランド政府を名乗る組織がロンドンとワルシャワで並び立ち、同年2月のヤルタ会談でその解決が図られ、実質的な承認をイギリス、アメリカから勝ち取った。その条件は以下のものだ。

1・「挙国一致臨時政府」が樹立されること

2・国内外の民主的人物をメンバーに加え、再編成すること

3・自由選挙を実施すること

しかしソ連の支配下にポーランドを組み入れたいスターリンは、翌月に謀略をしかける。ポーランド国内にいた亡命政府系要人16名を逮捕してモスクワに拉致した。終戦後の6月、16人に対する見せしめ裁判が行われるのと同時進行で、挙国一致臨時政府の樹立交渉がモスクワで始まった。その結果、ソ連の手先のオスプカ・モラフスキを首相とするポーランド政府が成立。閣僚21名中、臨時政府系が17名を占め、亡命系政府はわずか4名であった。ロンドンにあったポーランド亡命政府は国際法上の地位を失ったのだ。

この流れに乗って戦後、ポーランドには共産主義政権が誕生し、1946年に総選挙を行って国民の承認を受けた。しかし、ここで誕生したポーランド人民共和国の中身は「ソ連の子分」だ。主権は制限され、ソ連の支配下に置かれた。

1948年12月、「ポーランド統一労働者党」が誕生して党首には〝小スターリン〟と呼ばれるビェルトが就任した。ポーランドのソビエト化の始まりである。現在の中国のような情報統制が行われ、当局に不適切な出版物は摘発されて反政府活動をすれば逮捕された。

共産主義下の生活が再現されている

情報局員は1954年には7万5000人にのぼり、その年に被疑者として名前をあげられた政治犯・刑事犯の総数は600万人に及んだ。1949～55年にかけて、4万人がスパイ等の嫌疑で逮捕され、2万8000人が有罪になった。

その共産主義時代の生活を再現した「共産主義生活博物館」に行くことにした。さほど広くない館内でメジャーな施設ではないようだから客は少ないだろうと思っていたが、意外と欧米人の観光客が多い。

館内は共産主義時代の音楽が流れ、ラジオ、エアコン、バイクなどが展示され、パネルに歴史が書かれているのでその説明も読む。平均的な団地の部屋を再現してあるスペースがあって、それが俺の想像力を膨らませてくれて楽しかった。まるでタイムマシンに乗ってその時代を体験しているかのようだ。

部屋の間取りはキッチン、居間、寝室がくっついているタイプで、ベッドやテレビもあり、当時の番組も放送されている。窓からは他の団地と広場が見える。昔のニュース映画が観られるミニシアターもあり、食い入るように観てしまった。

一番感動したのは、共産ソーダマシンだ。コインを入れて鎖に繋げられたコップを置くと、色付きソーダが出てくるという自動販売機でかなり流行ったらしい。実際に見たのは初めてですごくそそられるが、他人の使用したコップを再利用しているので衛生的にはどうなのだろう……。他にも、館内には当時のカフェ兼レストランを模したカフェもあり、当時売られていた飲み物やお菓子などを購入することができるし、狭い博物館だがかなり楽しかった。

ワルシャワの旧市街

ワルシャワの街は、14世紀末にヴィスワ川の西側の段丘に築かれた集落から発展した。最初の集落があったと思われるエリアを歩いてみると古い建物が並んでいて、さらに上に登っていくと

記録やスケッチをもとに再現したワルシャワ旧市街

旧市街が広がる。石畳が敷き詰まれた美しい街だ。しかし、これは当時のものではなく再現された街並みである。

ワルシャワの街は、14世紀末に現在の旧市街にあたるエリアを取り囲むように防壁が建設され、15～16世紀には旧市街の北端にバロック様式の砦「バルバカン」が建造された。防壁の内側にある広場の周囲には木造の屋敷が立ち並んだようだが、何度も大火災が発生したので、後にレンガや石造りの建物のみが建築を許されるようになった。

旧市街はナチス・ドイツによって破壊されたが、戦後、ワルシャワ市民は旧市街の街並みを昔の姿と同じように再現することを決意する。一般市民が気軽に映像や写真を撮れない時代にどのように街の記録を残していたのだろうかと思っていたが、建築科の学生を中心に街の隅々まで入念なスケッチを記録していたのである。

瓦礫の山となってしまったワルシャワの街を前に、市民はどれほど絶望的な気分になったことだろう。そこから1つ1つの建物を忠実に再現して旧市街を復活させるとは、ものすごい執念とパワーを感じさせるものだ。

その努力が報われ、1980年にユネスコは街の歴史的価値ではなく「街の復興にかける市民の不屈の熱意」を評価して、ワルシャワを世界遺産に登録することになった。非常に良い判断だと思っている。

ポーランドは、社会主義体制が崩壊してから約15年間の準備期間を経てEUに加盟することができた。以降の成長は、この美しい街並みが示している。

第6章

独裁者の末路『ルーマニア』

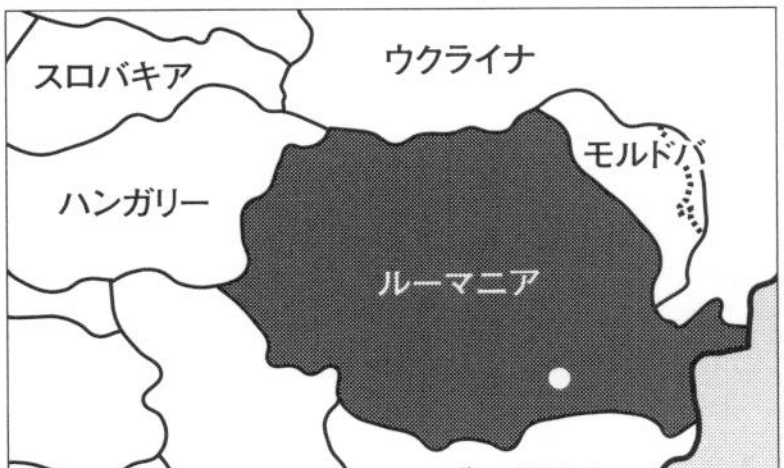

面積：約 23.8 万 km^2
人口：約 1,903 万人（2022年）
首都：ブカレスト（※○の場所）
通貨：レイ

初めてのルーマニア

１９８０年代、富国強兵を目指すルーマニアの独裁者チャウシェスクは、コンドームの使用と販売を禁止し、中絶した女性には重い刑を科した。そのせいでエイズ患者がルーマニアで蔓延することになった。

俺は若いときにそれを本で知り、とんでもない独裁者がルーマニアにいるものだと驚いた記憶がある。１９９１年にロンドンの国立英語学校に通っていたときにルーマニア人青年と知り合ったが、彼は生活が大変なのでロンドンに逃げてきたようだった。俺が「チャウシェスク」と言うと苦笑いしていたのを覚えている。他にルーマニアの印象といえば綺麗な女性が多いということだろうか。俺の友人も10年前にルーマニア美人と結婚している。

ずっと興味はあったが、これまでにルーマニアを訪れる機会がなかったのでウクライナ周辺国を巡る今回の旅では絶対にこの国は譲れなかった。独裁者の誕生と末路も、旅をしながら追っていきたい。

共産主義に抵抗した記念館

囚人たちのベッド。過酷な生活が想像できる

２０２２年7月3日、俺、フケさん、梅田さん、吉田社長の４人は、ルーマニア北西部の都市クルジュ・ナポカからレンタカーを借り、古い教会を巡りながら北上して、ウクライナの国境近いシゲット・マルマツィエイという街に到着した。翌日は休館日との情報だったので、街に着くと急いで「共産主義犠牲抵抗者記念館」に行くことにした。

この記念館は共産主義時代、特にチャウシェスクの時代に政治犯を収監していた刑務所跡の博物館だ。中に入ると係員の女性が英語で書かれたバインダーを持ってきた。

展示物には英語表記がないので、展示物の横につけられた番号と照らし合わせてバインダーに書かれている英語の説明を自分で読むのだ。しかし字も小さいし、説明がマニアックすぎるので少し

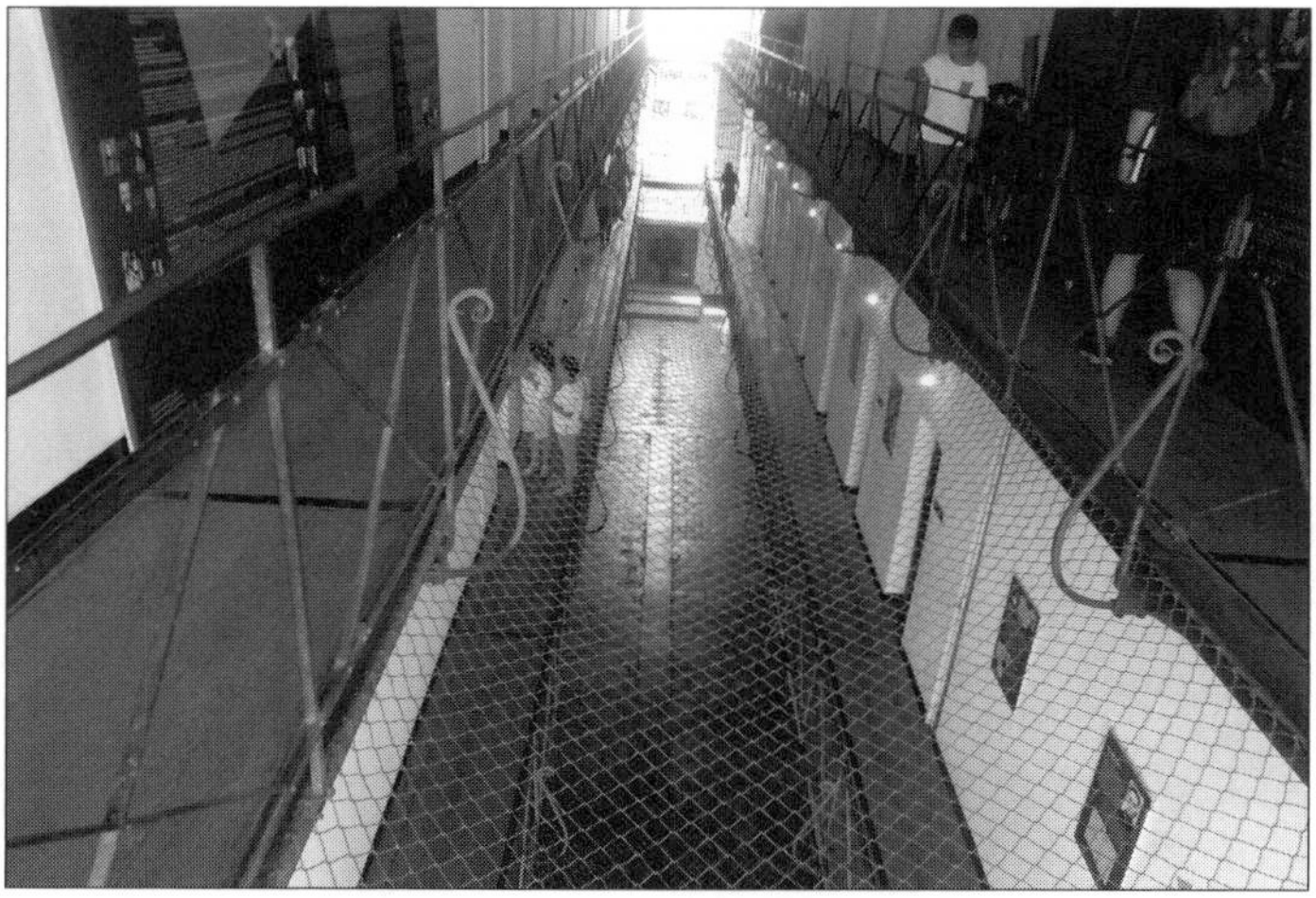
上の階から囚人たちを監視できるようになっている

目を通しただけで終わった。
　建物の内部はかなり古い。それもそのはずで、建物は１８９７年のオーストリア＝ハンガリー帝国の時代に脱走兵や政治犯収容のために建てられたものだ。第二次世界大戦後はルーマニアの秘密警察「セクリターテ」に運営され、共産主義に抵抗する者をぶち込んだのだ。
　館内は子供たちの団体を筆頭に人がたくさんいて、展示物の説明はよくわからないし、それでいて元監獄の建物は少し怖い感じがして非常に空気が重苦しい。
　逃げるように上階に行く。吹き抜けになっていて、上から囚人を監視できるようになっている。当時、囚人はどのような思いで拷問を受け、収監されたのか。敵対する政治家も入れられたようなので、こんな場所に来たらやりきれない思いだっただろう。中庭にある慰霊室はロウソクが並んでおり、なんとも暗い気分になる。ある老婦人は手を合わせて何かを呟いている。

バインダーを戻し建物を出て、俺は梅田さんとカフェに入った。彼はコーヒーマニアの面を持ち、世界中のカフェ巡りを楽しみの1つとしている。コーヒーを注文した後、梅田さんが言う。

「しまった、記念館で借りていたバインダーを返すのを忘れてここまで持ってきてしまいました！　ここで待っていてください」

さすが忘れ物、落とし物の帝王。どうしようもないな。

共産主義と社会主義

ここまでに旧ソ連国や旧共産国家などを紹介してきているので、ここで少し「共産主義」と「社会主義」の違いを説明しておきたい。

一般には「マルクス・レーニン主義を掲げる社会主義国」のことを「共産主義国家」といい、特に共産党が一党独裁をしている国を示す。民主主義や人権は極端に制限され、労働組合があっても傀儡で何も役にたたない。

一方、広義の「社会主義国家」ではマルクス・レーニン主義を採用するかどうかは関係なく、社会主義的諸政策を推進する全ての国を示す。一党独裁を採用しない社会主義国では教育や福祉制度が充実していることが多い。

そもそも「マルクス・レーニン主義」とは何か？　調べるといろいろ出てくるが、goo辞書ではこう書かれている。

「レーニンにより、継承され、発展させられた帝国主義段階のマルクス主義」

まず「マルクス主義」とは、資本を社会全体の共有財産に変えることにより、労働者が資本を増やすためだけに生きるという「資本家」と「賃労働者」の関係性を批判し、「階級のない共同社会」を目指すという、カール・マルクスとフリードリヒ・エンゲルスによる思想だ。レーニンがカール・マルクスを正しく承継したと強調するために作られた用語が、一般に「マルクス・レーニン主義」と言われる。

そもそも社会主義が誕生したのは、産業革命に端を発する資本主義の弊害が明らかになったからだ。資本主義では企業や個人が自由に経済活動を行い利益を追求した結果、過酷な労働環境で搾取される労働者が登場し、貧富の差が生まれた。その歪みを解決すべく考え出されたのが社会主義である。

ロシア革命を経てソ連が社会主義体制を確立した。しかし、社会主義体制下では労働者がいくら頑張って働いても給料は上がらない、効率的に仕事をする必要もない。それでは怠けた方が得をするのだから、生産性は自然と低下して経済は衰退することになる。

また、社会主義では企業の利益も国民の給料も国が管理して分配する。社会主義国のキューバの野球選手は国家公務員扱いだ。現地でプレーして稼ぐ年俸は国が管理して、国から給料が支払われる。日本にやってくるキューバ人選手は手数料を国に払うシステムだから、そんなことがバカらしくなり、亡命してメジャーリーグでプレーする選手も出てくる。

一方、共産主義ではすべての利益を皆で共有するという考えがあり、国が管理する制度自体がいらないことになる。

だがソ連が崩壊すると共産主義と社会主義の違いが曖昧となり、今ではほぼ同じような意味として捉えている部分もある。

小パリ・ブカレスト

南米アルゼンチンの首都・ブエノスアイレスやルーマニアの首都・ブカレストのように、世界中には「小パリ」と呼ばれている所が多い。日本で言う「小江戸」や「小京都」と同じで、都への憧れからなのだろう。

パリにはセーヌ川が流れているように、ルーマニアの首都ブカレストには何世紀にも渡ってブカレスト市民の水源になったドゥンボヴィツァ川がある。ルーマニアの人口は1919万人（2021年1月1日、ルーマニア国家統計局）で、ブカレストの人口は216万人（2022年1月、同上）だ。

ブカレスト駅周辺は昔から治安が悪いとされていた。ストリート・チルドレンや強盗、スリなどもいて雰囲気は最悪だと。現に俺より先にブカレスト入りしていたフケさんと吉田社長によると、2人が暗くなってから駅に到着すると、あたりの道は非常に雰囲気が悪く、警戒感MAXで宿まで急いだ。その後もPCR検査のために遅くまでやっている病院に行く道すがら、酔っ払いやガラの悪い連中に絡まれたりして逃げるように宿に帰ってきた。その話を聞いていたので、俺と梅田さんも警戒して昼の2時過ぎにブカレスト駅に到着するようにした。

ホームに降りたときの印象は、人も多く普通の駅といった感じだ。駅構内にはウクライナの難民キャンプのテントがいくつかある。ロシアが侵攻を始めた直後、難民がこの駅に溢れている光景を日本のテレビ局も生中継していた場所だ。しかし、今はテントの中はガラガラで、休憩所を

ブカレスト駅構内にある難民用のテント

覗くと数名の子供たちが遊ぶ姿があった。侵攻が始まって４カ月も経つと、難民の多くは祖国に戻ったか、あるいはどこか他の場所に移ったのかもしれない。まだ戦争は続いているので施設はしばらくこのままなのだろう。

ルーマニアの歴史

予約していた、駅から歩いて10分のホテルへ向かう。日も高いので危険は全く感じないが、人通りも店も少ない道なので暗くなったら注意が必要かもしれない。フケさんと吉田社長と同じ宿だが、２人は出かけているようだ。

到着してチェックインしようとしたらスタッフはいないし、暗証番号タイプの鍵が開かないので中にも入れない。フケさんに連絡して暗証番号を教えてもらい、中に入ることができた。到着時間はスタッフに知らせてあるのでもう来るだろうと思っていたが、30分経っても来る気配はなし。メールを送ると、部屋番号、暗証番号などが送られてきて、それで終わり。人件費削減のために予約客しか受け入れず、暗証番号はメールで連絡。そんな時代になったのだな。部屋はかなり広く、バルコニーもあるし最高だった。

荷物を置き、早速街へ繰り出した。共産主義的建物と新しいものが混在してなかなか楽しい。街は発展してお洒落なカフェや店も多かった。

ルーマニアは第二次世界大戦のとき、最初は枢軸国側、つまり日本やナチス・ドイツ側についていた。しかし戦況が不利になった1943年頃、ソ連による支配から逃れようと西側諸国に休戦交渉を開始したものの、アメリカとイギリスはソ連に配慮して首を縦に振らなかった。ここで戦後のルーマニアの運命は決まった。

ルーマニアがソ連圏に入ることが決まったのは1943年10月のモスクワ外相会議で、連合国は対ルーマニア政策に関してはソ連が主導権を握ることで合意に達している。ソ連は1945年のヤルタ会談終結直後、ルーマニア共産党に反政府デモを組織させてブルジョア政権の退陣を要求し、ミハイ国王に最後通牒を突き付け共産政権の樹立を迫った。

チャウシェスク宮殿

俺と梅田さんは「国民の館」に向かっていた。1984年に独裁者・チャウシェスクが日本円にして約1500億円を投じて造らせたという巨大な宮殿だ。近くのチシュミジウ公園では地元の人ものんびりくつろいでおり、俺もコーヒーを買ってきてしばらくベンチに座って飲む。公園からも国民の館が見えた。部屋数が3107もある、私欲と権力欲を満たすための巨大施設のために、国民はどれほど苦しんだのだろうかと思いを巡らす。

チャウシェスクも最初に政権を取った時は、きっと国や国民のことも考えただろう。しかし、時が経つにつれて権力をいつまでも維持したい、自分の思うままに国を動かしたいという衝動に勝てなくなり、自分に逆らう人間を排除した。いつの時代も独裁者の末路は悲惨なものだ。本人は天寿を全うするまで独裁体制が続くと思っていたのか……この宮殿に住んでいた時のチャウシェスクは何を考えていたのだろう。

宮殿の中に入ってみようと敷地内には到着したが、どこから入れるのかわからない。写真や動画を撮りながら猛暑の中、単調な道を歩く。やっと入口を見つけたが、警備員に「ここは政府関

贅の限りを尽くしたチャウシェスクの宮殿

係者の入口で、一般の人は反対側だよ」と冷たく言われる。彼は一日に何度も同じセリフを言っているのだろう。本格的な観光地と呼べるところでもないので、周囲には特にインフォメーションがないのだ。入り口を探して半周したが、それにしても敷地がデカすぎる。

独裁者・チャウシェスク

どのようにチャウシェスクが政権を奪って独裁者になったのか少しだけ説明してみたい。

1965年3月、ルーマニアのトップだったデジが亡くなり、47歳のチャウシェスクが共産党第一書記に就任した。彼はそれまでの民族主義、重工業化、自主外交を引き継ぎ、他方で西側諸国へ門戸開放を含む自由化を目指し、同時に権力固めを開始した。彼のライバル達で固められた政治局を廃止し、党と国家の兼職を禁止するなどした。

しかし、彼自身がそれを無視し、党と国家の一体化原則を打ち出して自らが共産党書記長と国家元首になった。独裁の始まりである。そしてライバルたちをどんどん粛清した。

この独裁者を国民の英雄に祭り上げる出来事が発生した。１９６８年の夏、ソ連を中心としたワルシャワ条約機構軍がチェコスロバキアに侵攻し、そのままルーマニアにも侵攻するのではないかという噂が流れたのだ。チャウシェスクはブカレストの共和国広場で国民集会を開き、チェコスロバキア侵攻を痛烈に批判し、「力を合わせて敵の軍隊を一歩たりとも入れず、皆で祖国を守ろう」と強く訴えた。この演説が国民からの支持を集め、権力基盤を固めていった。

チャウシェスクの基本政策は、共産党が言論やマスメディアに対する検閲を強化して、外国の影響を遮断するために鎖国体制をとり、60年代~70年代前半にかけては急速な重工業化と過度な中央集権的計画経済を推し進めることだった。どこの国の独裁者も行うことだが、国民の不満を逸らすためにルーマニア民族主義へのアピールをする。対ソ連には自主外交を行った。最悪だったのは秘密警察・セクリターテによる恐怖政治と密告制度だ。チャウシェスクの妻・エレナと共にやりたい放題だった。

重工業化とソ連との外交により高度経済成長を見せたが、82年にはマイナス成長になり多額の対外債務を抱えてしまった。このように経済状況が深刻になっても、チャウシェスクは政策転換を行わず輸入制限、飢餓輸出、エネルギー消費の節約によって対外債務の返済を急いだ。国民の生活はどんどん苦しくなり、不安が膨れ上がり、チャウシェスクに対する怒りが爆発していく。政府による厳しい弾圧があったにもかかわらず、反体制運動は加速していった。

誰もいない旧共産党本部

街の中心であるヴィクトリア通りを1人で歩く。気温は30℃を少し超えているが日差しがないので暑さはあまり感じない。革命広場に面している旧共産党本部に着いた。周りに人は誰もいない。チャウシェスクの独裁体制も、時代の流れもあり終止符を打つことになる。東ドイツのホーネッカー、ブルガリアのジフコフ、チェコスロバキアのヤケシュに続いて、1989年12月に倒された。チャウシェスクは共産党本部のテラスで大群衆を前に演説をしたが、予想外の大ブーイングを受けて身の危険を感じ、直後に屋上からヘリコプターで逃亡した。しかし、まもなくチャウシェスク夫妻は拘束され、臨時裁判にかけられた。夫妻は非常に傲慢な態度で、エレナの方は権力で得た学位を剥奪されることに激怒し、チャウシェスクは「私は被告人ではない。ルーマニア大統領だ」と言ったという。

告発の内容は、西部の都市ティミショアラで起きたデモに対し、セクリターテが発砲して多数の死傷者を出した「ティミショアラの虐殺」と「国家財産を横領して国民を苦しめたこと」だ。

処刑宣告を受けた２人は最後まで悪態をつき、３名の兵士によって銃殺刑に処された。チャウシェスクの顔は内戦終結のために利用するとして撃つなと命令されたが、エレナにはその配慮は全くなかった。

それが１９８９年のことで、俺は日本のテレビでその衝撃的な映像を見たことをよく覚えている。その現場に自分がいると思うと鳥肌が立った。人は誰もおらず空っぽの建物だけが残る。これが独裁者の末路か、と。

現在、建物の前には革命犠牲者のための慰霊碑が建っている。

第7章

かつての独裁者を懐古する『ブルガリア』

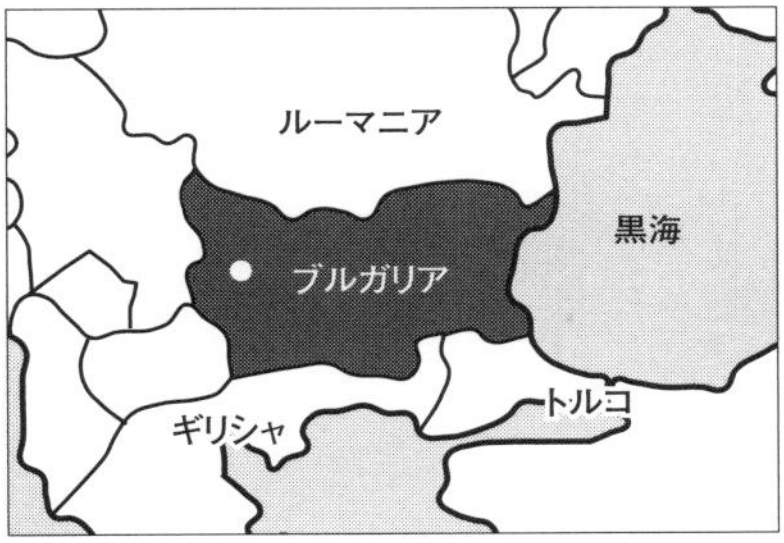

面積：約 11.09 万 km^2
人口：約 690 万人（2021年）
首都：ソフィア（※○の場所）
通貨：レフ

ヨーグルトの国？　ブルガリア

「ブルガリアといえば？」

そう聞かれたら、日本人のほとんどは「ヨーグルト」を第一に連想するだろう。株式会社明治の商品「明治ブルガリアヨーグルト」だ。

明治のホームページによると、「明治ブルガリアヨーグルト」は１９７０年に開催された大阪万博において、社員が「ブルガリア館」でプレーンヨーグルトを試食したことから始まっているという。本場の味を再現するために何度もヨーロッパに足を運び、１９７１年に日本初のプレーンヨーグルトとして「明治プレーンヨーグルト」を発売し、翌72年にブルガリアの国名使用許可を得て、73年に「明治ブルガリアヨーグルト」に名称変更をした。

日本人としてはブルガリアで店に入ってヨーグルトをチェックしてみたいが、正直なところ、ブルガリアに対してはそのくらいしか思いつかない。世界中を旅している友人も「ブルガリアは存在が薄い国」としか言わない。

だがその歴史を振り返ると、ハンガリー・ルーマニアと同様にソ連の衛星国だった時期があり独裁者が国民を苦しめていた時代もある。現在はどのような国なのかを自分の目で確かめるのを楽しみにしていた。ロシアのウクライナ侵攻を受けて、ブルガリアとロシアの関係はどうなっているのか？

現地に行く前に少し調べると、現在のブルガリアとロシアの関係がわかる記事を見つけた。

【２０２２年６月29日　ロイターのサイト記事より引用】

［ソフィア28日ロイター］　ブルガリアは28日、スパイ行為の懸念があるロシアの外交職員70人を国外追放すると発表し、国内に駐在するロシア人外交官の数に制限を設けた。かつては強い同盟関係にあった両国だが、ロシアのウクライナ侵攻を受けて緊張が高まっている。

ブルガリアがこれほど多くのロシア人外交官を追放したことは近年になく、外務省によると、国内に駐在するロシア人外交官の数を48人に制限する。

ロシアは４月に、ルーブル建ての支払いを拒否したとしてブルガリアへの天然ガス供給を停止している。

ブルガリアのペトコフ首相は、追放した外交官の多くが情報機関に直接関係ある仕事をしており、「外交的職務は偽装と言った方が良い」と述べた。

同氏はロシアに対して異例の強い態度を取っており、欧州連合（ＥＵ）の対ロシア制裁を支持してきた。


第二次世界大戦後のブルガリアの歴史を簡単に説明しておこう。

1965年、ブルガリアの共産党指導部は民間に対し、ある程度の経済活動の自由を与えた。だが、その3年後に起きたチェコスロバキアでの動乱がこの改革プログラムを中止させた。危険を察した共産党はブルガリア経済を旧来の体制に戻し、政治的な統制も強化した。

1971年には憲法で、ブルガリアが労働者階級に率いられる社会主義国家であることを宣言した。国家評議会を設置し、議長を国家元首とすることが定められる。

その議長はジフコフだった。彼の外交政策は「ソ連への全面的服従」だ。1973年9月にブルガリアとソ連は「同じ肺で呼吸し、同じ血液で栄養が運ばれる1つの肉体として行動する」とも述べた。ジフコフのソ連大好き熱は収まらず、二度にわたってブルガリアをソ連邦に組み入れてはどうかと、自らソ連に提案を行った。しかし、この申し入れはフルシチョフとブレジネフによって二度とも却下された。

国境の街ルセは活気がない

ルーマニアの首都ブカレストからブルガリアの国境の街ルセまでの移動は国際列車を使う。まずルーマニア側の国境の街ジュルジュに到着した。ここでルーマニア側の出国審査があり、係員にパスポートを預ける。約30分は電車が停車しているので、各々外に出てタバコを吸ったりして休んでいる。

表情を1つも変えない若い女性係官がパスポートを返してくれて、電車は出発した。たちまち猛スピードで、ドナウ川に架かる橋を渡る。ドナウ川を見るのはブダペスト以来だ。国境付近の道路には車が長蛇の列をなし、大きなリュックを背負ったバックパッカーの歩く姿も見える。

電車はまもなくブルガリアのルセ駅に到着した。今回の旅からｅＳＩＭにしたので国を跨いでも勝手にスマホ通信が繋がり便利になった。

海外旅行に慣れた読者はご存知だろうが、ｅＳＩＭとは簡単にいうと組み込み型のＳＩＭだ。通常のＳＩＭカードは端末に挿入する必要があるのに対して、ｅＳＩＭは端末内に組み込まれた部品であるため抜き差しする必要はない。通信事業者が提供するアプリや、通信事業者のウェブサイトから契約することで、その場ですぐに通信プランを使えるようになるので日本出発前に契約していた。今までは、空港や街でその国及び隣国対応のＳＩＭを購入するなり、日本で用意するなりしておくところだが、ｅＳＩＭを契約すればその必要がない。日本を発ってブダペストの空港に着いたら直ぐに繋がるし、陸路の移動でも何も問題ないのですごく便利だ。ルセで電車を降りたが、駅には人はわずかしかおらず活気がゼロ。駅前も荒廃していて埃っぽく、中東の田舎を思い出してしまい、テンションが下がる雰囲気だ。

燃えるブルガリア食

ホテルにチェックインして街を歩いてみるが、駅周辺は寂れていて酔っ払いが多く、雰囲気は良くない。中心まで歩いていくが無機質な団地が広がるばかりで、人がヘルメットを被ったような共産的建築物の市庁舎が見える。中心街の広場では子供たちが楽しそうに遊んでいた。

スーパーマーケットに入って商品を見てみると、ルーマニアに比べて少し物価が安いと感じるくらいだった。昔ブルガリアに行った友人たちは口々に「ブルガリアは安いよ」と言っていたが、円安やインフレのせいでもはやそんな恩恵にあずかることはできない。

店の一角にヨーグルトのコーナーを見つけた。ブルガリアはヨーグルトの消費量が世界一の国で、食べる、飲む以外に料理にも使うのでやはり充実している。

チョルバジイスキ・サチ（右）とスーパーに並ぶヨーグルト（左）

俺と梅田さんはブルガリア料理を食べに行くことにした。

「嵐さん、いいお店見つけましたよ。地元の人にも評判がいいようです」

店を探すのが趣味の梅田さんがここでも腕を見せる。まだ夕方5時過ぎなので時間が早いのか、俺たちのほかに1組の親子連れしか客はいなかった。ウエイトレスは感じが良く、俺はビール、酒が飲めない梅田さんは飲むヨーグルトを注文して乾杯。ヨーグルトは俺も食べたが、日本のものとあまり変わらない。

まず白チーズが上にたっぷりかかった「ショプスカ・サラダ」がテーブルに運ばれてきた。ブルガリアでは一般的なものらしいが、少しクセのあるチーズとみずみずしい野菜が調和していて美味しい。そして名物の「チョルバジイスキ・サチ」という肉やソーセージ、野菜がたっぷりと入った鉄板焼き料理が来たが、とにかく大きくて驚く。２人では絶対に食べきれない量だ。

スタッフは鉄板焼き料理に目の前で火をつけてくれる。わざわざここで燃やさなくてもいいと思うが、これがサービスなのだろう。燃える料理だ。味は、香辛料が効いており野菜、肉、ソーセージが調和していて、大きめのナスやジャガイモもとても美味しい。日本人の口にも合う味だが、量が多すぎてギブアップだ。

ホテルに戻る道で梅田さんが言う。

「この集合団地や公園を見ていたら、デジャブじゃないのですが懐かしくなりましたね」

梅田さんは京都の団地で小学生ぐらいまで過ごしていたのだが、そこと建物の色や公園などの風景が似ているそうだ。それまで大した反応がなかったので梅田さんはルセの街が好きじゃないのかと思っていたが、「こんな気分を味わえたので、この街もこれはこれで良かったです」としみじみと言っていた。

ゴールデン・サンズの向こう側

人口約34万人のブルガリア第3の都市ヴァルナは黒海に面し、「夏の首都」と呼ばれるほどサマーシーズンは観光客で賑わう。特にドイツからの観光客が多いようだ。

ヴァルナは素晴らしい街だ。日本語で「臨海公園」の意味があるプリモルスキ公園が海岸に面し、眼前に黒海のビーチが広がる。海外沿いにはレストラン、クラブ、バーが軒を連ね、地元の人や観光客で賑わっている。ここは1人で来たら寂しくなるかもしれない。

確かに夏の首都と呼ばれているだけあって観光業は盛んだが、寒くなるオフシーズンの観光業には乏しいのだろう。

翌日、朝食を食べ終わった俺と梅田さんは有名リゾート地の「ゴールデン・サンズ」にバスで行くことにした。駅前からローカルバスに乗るのだが、車内のチケット券売機の使い方がよくわからない。クレジットカードで購入できるはずなのだが反応せず、若い女性2人が助けてくれたがダメみたいだ。料金は2人で6レフ（約420円、1レフ70円で計算）だがあいにく小銭がなくて、10レフ札があるが釣りが戻ってこない可能性がある。どうしたものか。

するとと途中のバス停から車掌が乗り込んできた。

「クレジットが弾かれるし、小銭がないので困っています」

俺は状況を説明する。車掌は俺の10レフ札を取って券売機に入れると、切符が2枚出たのはいいが案の定お釣りが出てこない。車掌は「あれ？　おかしいな」といじっていたが、そのうち他の客のチェックを始めた。おい、券売機を開けてくれるんじゃないのか。

　そして終点に着いた。唖然としている俺たちを後目に車掌は「仕方ないだろ？」というジェスチャーでどこかに行ってしまった……。

　バス停からビーチまで少し歩くのだが、一帯は完全なリゾート地になっている。海に面したバルコニー付の部屋や、各ホテルには当然のようにプールがあり、家族連れやカップルが楽しそうに遊んでいる。４キロにわたって綺麗な砂浜が続き、中心部に着くと遊園地のような遊具や施設があった。レンタルのビーチチェアやパラソルは、金持ちしかいない想定なのか高い金をとるものだ。

　ようやく着いたビーチで俺たちはノンビリした。黒海で泳ぐのは初めてだが、水が冷たくて長時間入れない。大きな湖ぐらいの波しかないので子供たちが遊ぶのもそう危険はないが、急に深くなる場所もある。チェアに座って文庫本を読もうとしたが、間違えて『同和利権の真相』（寺園敦史、一ノ宮美成、グループK21／宝島社）などというビーチに似合わない本を持ってきてしまい、直ぐに読むのを止めてしまった。

　しばらくすると梅田さんがどこかに行ってしまい、１人ぼんやりと黒海を眺める。海の向こうにはウクライナのオデッサと、ロシアが侵略しているクリミア半島、そしてロシア本土がある。

俺は２０１６年にクリミア半島を訪ねた。

ロシアがウクライナ領のクリミアに侵攻した2年後の訪問だったが、クレジットカードは使用不可で、キャッシングもできないのでドルかユーロを両替するしかなかったし、西側の観光客はおらず情報もなかった。言葉も通じないので苦労した思い出がある（詳細は『未承認国家に行ってきた』参照）。当時から日本を含めて西側諸国はずっとロシアに経済制裁をしていたが、結局今回の戦争を防ぐ効果はなかった。

そのうち、どこかへ行っていた梅田さんが戻ってきた。

「嵐さん、マクドナルドでたくさん買ってきたので食べますか？　あと、これソフトクリームのお土産」

ソフトクリームはもはやドロドロに溶けていて、持つと手がベトベトになってしまう。俺は急いでそれを平らげた。

梅田さん紛失事件発生！

夕食はヴァルナにあるトルコ料理屋に行く。有名店らしく客で賑わっており、食べ物もサービスも最高だった。会計はいつも梅田さんがクレジットカードで払い、あとから俺の分を清算するのがパターン化しているのだが、どうも梅田さんの様子がオカシイ。

「嵐さん、さっきから気になっていたのですが、僕のメインで使っているクレジットカードが見つからないです」

梅田さんは5枚のカードを旅に持ってきており、そのうちのメインの1枚がないという。どうせホテルの部屋に置き忘れているのだろうと思っていると、梅田さんがスマホを見て言う。

「誰かが5000円ぐらいの商品を買い物している。僕、知らないよ」

紛失した梅田さんのカードはタッチ式で、ちょっとした値段のものは暗証番号なしで買えてしまう。

「でも、普段の経費や、前に購入したやつの引き落としかもしれないですね」

そんなことも言っている。まだ現状が呑み込めていないようだ。

「今、何を買われたかわかる?」

「今の時点では具体的に何を購入されたかわからないです。あ、また同じ金額が引き落とされている。あれ？　どうやらゲームみたいです」

これは止めないと大変なことになる。

「あ、今度は1700円使われている」

「止めろ！」

「ちょっと待ってください。よく日本でも落とすのでとりあえず止めるのは慣れています」

そんなことに慣れるな。ともかく無事に止められたようで、これ以上の損害はない。

レストランの支払いになり、梅田さんはオレンジ色のカードを出すが弾かれた。ブルガリアでよく起こることである。別の黄緑色のカードを出すと、ウエイトレスが「美しいカードね。こんなのは見たことないわ」なんて声をかけてくれて、無事にそのカードが通った。

なくしたカードの行方はわからないが、ひとまずここを出て考えよう。俺たちは席を立ち、店を出ようとすると先ほどのウエイトレスに後ろから呼び止められた。

「オレンジのカードが机に置きっぱなしよ！」

ダメだこの人。

移動中の独裁者嘶

翌日はヴァルナの南にあるブルガスという街までの移動だが、梅田さんがカードのことで日本に国際電話をかけ、いろいろと手続きをしていたのですっかりチェックアウト時間の11時になってしまった。

梅田さんは紛失したカードで光熱費やスマホの支払い、家賃、その他もろもろをすべて支払っていたようで、一極集中させていたのを反省していた。1つずつそれらを解決し、日本にいる奥さんにも協力してもらったようだ。

「嵐さん、全部もう大丈夫です。使用されたお金は保険で全額戻ってきて、新しいカードも帰国までには届くようです。もうこんなことがないように、引き落としに使うカードを5つぐらいに分散させます。そうすれば次に無くしても手間は少なくなりますよ。いい手を思いつきました」

俺は一度もカードを紛失したことがないが、この人の頭の中は紛失が前提になっているようだ。

ヴァルナのバス停に着くと「もう出るから早く乗ってくれ」と急かされ、小型バスに乗せられた。車内は満席で、俺の隣には70歳位の地元の爺さんがいた。

15分ぐらい走ったところで、爺さんが上手な英語で話しかけてきた。

「君は中国人かい？」

「日本人で東京から来ました」

すると嬉しそうな表情になった。

「日本人は好きだよ。昔、エンジニアの仕事をしていて出張で東京と神戸に行ったよ。仲が良い日本人もいて日本食も美味しいしイイ場所だったよ」

爺さんは「ピーターって言うんだよ。よろしく」と笑顔を向けた。彼は紳士的で優しかった。俺がスマホでマップを見ていても、「ここには外国人が来ないけどすごくいいビーチがあって美しい」と、いろいろと説明してくれる。狭いバスの中でただ過ごすのは長く感じるが、会話ができたので楽しくなった。この人なら少し政治的なことも聞いて大丈夫だと判断した。

まず、ブルガリアの独裁者だったジフコフについて聞いてみる。

1970年代、ブルガリアの国民生活は比較的安定しており大きなデモなどは起きなかったが、国内の政治情勢が安定していても、ジフコフは潜在する敵対勢力への警戒は怠らなかった。

1978年9月、ブルガリアの文学者でありジャーナリストのゲオルギー・マルコフがロンドンのウォータールー橋で、毒薬を塗った散弾を撃ち込まれて暗殺された。マルコフはブルガリアの政治エリートの所業を細部にわたって暴露し過ぎたのだ。その前年にも、パリにいるウラジミール・コストフに対して同様の計画が実行に移されたが未遂に終わった。

一連の事件はいずれも、ブルガリア秘密警察とブルガリア体制派の多くがどれほどソ連の支配下に置かれているかを暴露したことに対する、ジフコフの制裁と見られている。

俺はジフコフの写真を見せながらピーターに聞いてみた。

「彼のことはどう思いますか？　やはり嫌いですか？」

「ああ、彼ね。僕の評価は高いよ」

「え？」

ピーターは懐かしそうな顔で答えた。意外な言葉だった。

「少なくとも彼の時代のブルガリアは活気があって生活が豊かだった。若い人たちは夢もあった。経済も凄く発展していたのを体感していたよ」

「じゃあ、いい時代だったのですね？」

「僕が生活している範囲では経済成長していたね。ジフコフがいなくなって、それ以降は誰がやってもダメで経済は落ち込んで、国を離れていく者が多くて活気もなくなった。あの頃は良かったよ」

ブルガリアの人口は減少を続けており、１９８０年には８８１万人だった人口が、２０２２年には６８３万人に減っている。出生率の減少と、国外へ出ていく人が増えたのが原因だろう（出典：IMF -World Economic Outlook Databases)。

１９７１~89年までブルガリアの国家元首を務めたジフコフのもと、それまでヨーロッパ最貧国の1つだった農業国ブルガリアは、ソ連の支援を受けながらもある程度の工業化を果たし、経済は成長した。そのおかげで高い失業率に悩み、他国に出稼ぎに行かなければならなかった国民に最低限の保証が与えられた。その時代にピーターはバリバリ働いていたのだろう。

共産党政権下のブルガリアはひたすらにソ連に従順で、ベルリン、ブダペスト、チェコスロバキアで起きたような動乱も発生しなかったのだ。

ピーターが続けて言う。

「ブルガリアのジョークなんだけど、『今、誰が政府を動かしているか知っているか？　ブルガリア・マフィアだよ』ってね」

それほど現在の政権に呆れているのだろう。まだ乗っている時間があるのでついでに聞きにくい質問をぶつけてみた。

「今回のプーチン・ロシアのウクライナの侵攻はどう思っていますか？」

「戦争は良くないし、不快だ。罪のないウクライナの人が亡くなって不幸になるのを見るとツライものがあるが、ロシアにも言い分があると思うし、立場もあるというか……あそこはまだソ連時代のような大国と勘違いしているんじゃないかね」

こうしてバスはブルガス駅に到着した。ピーターはローカルバスに乗り換えて家に帰るようだ。

彼は降りてからも親切に道を教えてくれた。

ボザでウォ〜

ブルガスの街は周辺の漁師が集落をつくったのが始まりで、17世紀までには街に成長した。19世紀後半に首都ソフィアから鉄道が敷かれ、現在は港湾都市として機能している。

宿に戻る前にスーパーマーケットで買い物を済ませると、梅田さんが容器に入った茶色いドロッとした飲み物を手に取って言う。

「これ、知っています？　美味しそうではないですが棚に並んでいたので買ってみました」

ヨーグルトではなさそうだし、なんだろうか。梅田さんが一口飲んでみる。

「うわ、なんですかコレ。意味わからないぐらいまずいです。もういらないんで少し飲みますか？」

正直、見た目は悪いし飲む気がしないがトライするしかない。……まず喉越しが最悪。ドロッとした独特の甘い食感があり、液体が喉を通る時、体と喉が危険物を察知して拒否しているような不快感が生まれる。こんなまずいものがスーパーマーケットにたくさん置かれ、国民は喜んで飲んでいるのか？　その事実にまず驚いた。

この飲み物は「ボザ」。麦芽を用いた発酵飲料らしい。中央アジアが発祥とされ、オスマン帝国時代にブルガリアに伝わったとされているようだ。そのためボザはブルガリアだけでなく、バルカン半島周辺国でも愛飲されているという。ボザの中にはアルコールが含まれるのもあるようだが、ブルガリアではノンアルコールのものが飲料用として親しまれている。

後から聞いた話では若い人でも冷蔵庫で冷やしてゴクゴク飲んでいるようだ。低価格で栄養価も高いと言われ、クセがあるので好きな人は飲めるが、俺たちのような苦手な人は一口飲んで拒否反応が出るだろう。値段も安いので、ブルガリアを訪れることがあったらぜひ試してほしい。

ボザ。もはや罰ゲーム？

第８章

占領された歴史を持つ『ラトビア』

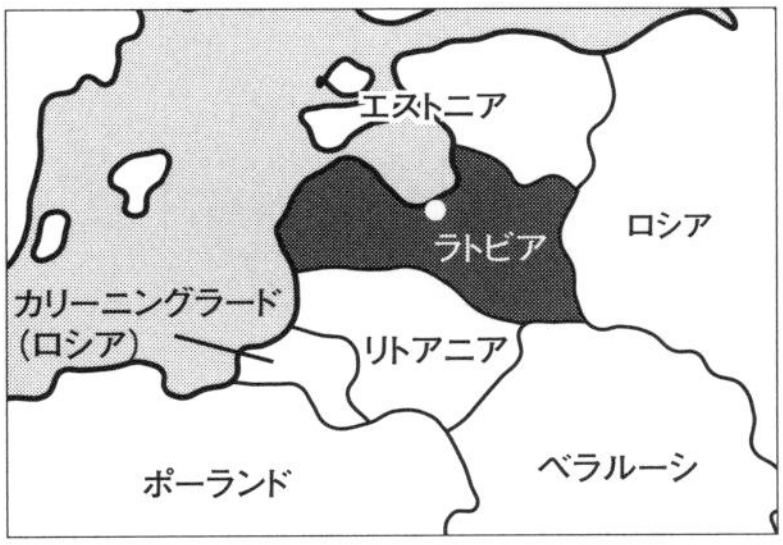

面積：約 6.5 万 km^2
人口：約 189 万人（2021 年）
首都：リガ（※○の場所）
通貨：ユーロ

バルト三国の場所

皆さんは「バルト三国」の国名と位置関係をすぐに全部答えられるだろうか。おそらく大多数を占めるわからない人のために、簡単に覚えられる方法がある。「フェラーリ」だ。バルト三国から海を渡った先にあるフィンランドを起点として、上から順にフィンランド、エストニア、ラトビア、リトアニアの順になる。

今回俺は、バルト三国の真ん中に位置しているラトビアを訪ねた。国の面積は日本の約6分の1しかなく、人口もわずか189万人（2021年1月現在、中央統計局）だ。若者は西欧などに移り住むのを好む傾向があり、年々人口が減っている。ラトビアの首都リガに広がる旧市街が美しいと昔から聞いていたので、俺は訪ねるのをかねてからすごく楽しみにしていた。

バルト三国はいずれも小国のため、強国に侵略されたという共通の歴史を持つ。現在は「旧ソ連」と呼ばれることを嫌い、北欧の仲間入りをしたがっている。

特にラトビアは小国だった為に旧ソ連、ロシア、ナチス・ドイツから酷い目にあってきた。だから今回のロシアのウクライナ侵攻に対しても国民は怒っていると、そんな情報があった。

酔っ払いのボランティア

２０２２年7月27日、ワルシャワの空港から飛行機に乗ってラトビアのリガに向かう。ワルシャワの空港にはＰＣＲの検査場が複数あって、空港の前の高級ホテル内にも設置されていた。帰国前に検査が必要なので、事前に場所のチェックをする。

俺は長時間のフライトの場合、トイレが近いので通路側にするが、短いフライトは特に席を指定しない。今回は窓側の席があてがわれていて、通路側には太った白人の男がいる。酒臭い。そういえばこの男は、搭乗ゲートでもビールを飲んでいて隣になるのは避けたいなあと思っていた男だ。

相手は俺を見ながら「ハロー」と挨拶してきたので返す。

「君は中国人かい？」

「日本人です」

「お～東京に行ったことあるよ。いい場所だ」

話を聞くと彼は元アメリカ軍人で、ウクライナに軍事アドバイザーのようなボランティアで行っていたようだ。

「ずっとウクライナにいたんだが休みをもらったのでポーランドまで陸路で戻って、ここからラトビアに飛んでノンビリするんだ」

休みが終わったらまたウクライナに戻るようだが、リラックスして楽しそうなのも頷ける。彼によると、このように軍事アドバイザーやボランティアでウクライナに行っている人は多いようだ。

飛行機が飛び立ち、彼に少し興味を持ったのでもう少し質問をしようと隣を見ると、気持ち良さそうにイビキをかいて寝ていた。

リガに到着

リガには1時間半で到着した。ラトビアは非常にキャッシュレス化が進んでいる国で、今回の旅では一度も現金を使用しなかった。ホテルに向かうタクシーもクレジット払いで問題ない。タクシーの運転手はロシア系の顔をしているが、英語は普通に話せる。この国の公用語はラトビア語だが国民の約27%がロシア系住民なので、今でもロシア語も通じるみたいだ。

「ホテルはここだよ」

美しい建造物が並ぶリガの街並み

運転手に告げられてタクシーを降りた瞬間、ホテル選びを失敗したなと思った。周辺は寂れた住宅街で飲食店や雑貨店などが全くない。ホテルの受付は小さく、ほとんどの時間にスタッフがいないし、売店もなく、全然美味しくないコーヒーの自販機しか置いていないのだ。つまり水を買いに行くのにも離れた場所に買いに行かなければならない。

旧市街だとホテル代が高いので、橋を渡った場所にある中心から少し離れたホテルにした。ホテルを予約する前に距離を測り、街まで歩いて20分くらいだと計算して、それなら楽勝だと思ったのだ。しかし、いざ歩いてみると車を中心に街が造られており、車オンリーの道などに阻まれる。結局、大周りしたため街までは30分くらいかかった。バスや配車のボルト・タクシーを使うことも考えたが、歩ける距離なら徒歩で街をゆっくり見たかったのでその選択肢は除外した。

「右を歩け」

歩いて橋までやってきた。対岸には美しいリガの旧市街が広がる。北に移動すると気温は下がるということを改めて実感していた。7月後半なのに最高気温は28℃ぐらいで、日差しは痛いほど厳しいが日陰に行くと一気に涼しくなり、風もクーラーの23℃設定並みに冷たい。

歩道を進んでいると前方から紳士が歩いてきた。そしてすれ違いざまに英語で「右を歩け」と言ってきたのだ。到着したばかりの観光客になんてことを言うのかと思ったが、紳士の助言は正しかった。

この橋は通行人、マラソンをしている人、自転車、電動キックボードの人たちが前後からひっきりなしに行き交う。俺も先ほどから景色を見て写真を撮ったりしながら、少し危ないと感じていた。紳士の忠告で右を歩いてみると勝手に相手が避けてくれるので楽だった。

首都リガはバルト三国の最大の都市で、旧市街は13世紀からの美しい建築物が立ち並んでいることから「バルトのパリ」とお決まりの呼ばれ方もされている。

旧市街の中心地はコンパクトにまとまって観光しやすい。中世の街並みがそのまま残されている石畳の街は実に美しく、なんでも、ドイツ騎士団の占領の影響もあって中世のドイツの街がそのまま残っているらしい。観光客も多く、東洋人や日本人の姿も意外と多く見かける。

占領博物館で侵略について考える

ラトビアの通貨はユーロなので物価は高く感じる。今回の旅は円安、世界的インフレ、エネルギー高騰、ロシアのウクライナ侵攻など複数要因が重なり、どこの国も日本と比べて安いわけではなく金銭的になかなか厳しい。

旧市街を歩いてみる。リガ大聖堂や市庁舎広場の周辺が一番の賑わいだ。市庁舎広場に建つブラックヘッドの会館もユニークな造りでなおかつ美しい。ラトビアは観光業で儲かっていそうだが、調べると農業は畜産が中心で、工業は化学、木材加工が盛んで、木材及び同加工品が主要輸出品となっているようだ。

すぐ近くにあるラトビア占領博物館に入る。ここは、ラトビアを訪れたら絶対に行きたかった場所だ。この国の歴史は「占領されて苦しんだ」という言葉に集約されるだろう。第二次世界大戦中にラトビアはソ連とナチス・ドイツ、そして再びソ連に占領された。当時の歴史が展示されている。

ラトビアは第一次世界大戦後の1918年11月に独立を宣言した。ロシア革命で成立したソ連の前身「ロシア・ソビエト連邦社会主義共和国」は1920年にラトビアと平和条約を結んだのだが、ソ連はお得意の約束破りでナチス・ドイツとの密約に基づき東欧や北欧への侵略を進め、ラトビアは1940年にソ連に占領された。資源や人口に乏しい小国はいとも簡単に野心的な大国に飲み込まれてしまう。他のバルト三国のエストニア、リトアニアも同時期に占領され、それぞれの国に共産党が作られてソ連邦を構成する共和国として実効支配を受けることとなる。

しかし翌1941年6月に独ソ戦が始まると、今度はナチス・ドイツに占領された。さらに1944年の夏にソ連軍がラトビアに侵攻すると、ラトビアの東部がソ連の占領下に入り、西部は第二次世界大戦で敗北するまでナチス・ドイツに支配されることとなった。

第二次世界大戦後、ソ連政府は多くのロシア人をラトビアに移住させ、ロシア語の使用を強要するなど、ロシア化を進めていった。以後、ソ連が崩壊するまでの46年間、ラトビア全土はソ連に支配され、1990年5月にラトビアは念願の独立回復を宣言したのである。

博物館ではこのような歴史を映像や写真を用いて説明してくれており、見応えがあった。占領下におけるラトビア住民の大変な苦しみが伝わってくるようだった。

KGB博物館

その足でKGB博物館に向かった。

ソ連時代の話でよく登場する悪名高い「KGB（ソ連国家保安委員会）」は、1954年に内務省から分離して反体制の取り締まりやスパイ活動、暗殺、国境警備、破壊、海外での情報収集などを行っていた機関である。ソ連崩壊時に解散し、後継の組織としてロシア連邦保安庁（FSB）などがある。プーチンが元KGBの工作員だったのは有名な話だが、FSBの長官になったこともある。彼の現在の地位は旧KGB時代の人脈が大いに活かされている。また、ベルリンの壁が崩壊した1989年にプーチンは東ドイツのドレスデンに駐在しており、社会主義国家が敗退する姿を目の当たりにしたという。その光景にショックを受けたことも今回のウクライナ侵攻の一因なのかもしれない。

KGB博物館の建物は元々は民間が所有していたものを接収したようだ。当時の建物がそのまま使われているためかなり古くなっていて、どこか当時の薄暗い雰囲気を残している。入場は無料だが内部の見学はツアーじゃないと行けないようで、入れる場所だけを見学することにした。この建物は、ソ連に抵抗する反体制とみなされた人々が尋問、拷問され、拘禁された場所そのものである。きっと処刑も相当行われたことだろう。というのも、後に訪れるリトアニアにも同様に「ＫＧＢジェノサイド博物館」という施設があり、そこには処刑場があったのだ。きっとラトビアでも同じことが行われたはずだ。

このような悲惨な歴史があれば、ラトビア人がソ連ひいては現在のロシアに対して穏やかでない感情を持っていても仕方ない。現にロシアのウクライナ侵攻を受けて、ラトビアのパブリクス国防相は２０２２年７月５日、徴兵制の復活を発表した。２０２３年１月から徴兵制が復活する予定である。

日の丸の寄せ書き

翌朝は８時に目が覚める。晴天で気持ちが良い。この時期のリガは夜９時まで明るいが、日が落ちると気温がぐっと下がって寒くなる。

街に行ってマクドナルドで朝食を食べた。日本では全く食べないが、旅に行くと便利なので頻繁に利用してしまう。食事を終え、ホテルのスタッフから教えてもらった軍事博物館に向かう。入場無料で素晴らしいとのことだ。

前日訪れた占領博物館はソ連やナチス・ドイツに占領された歴史を主に展示していたが、軍事博物館はそれ以前からのラトビアの歴史や軍事について紹介している。無料なのに館内は広くて展示は見やすく、聞いた通り良い場所だが、街中の観光客の多さと比べるとここはガラガラだった。

館内はローマ帝国時代、十字軍の時代のものから、第一次世界大戦まで分けられていて、順に見ていく。すると、突然日の丸の旗があらわれ、寄せ書きがされているではないか。なんでこんな場違いな場所に、と思ってしまった。

１９４０年にラトビアはソ連に占領されたが、同時期に満州国に駐屯していた関東軍（旧日本軍）の多くがソ連の捕虜となってシベリアや樺太の強制労働送りにされた。ラトビア人も同時期にソ連の方針でシベリアや樺太に移住させられ仕事に就いていた。この日の丸の旗は、樺太に赴任していたラトビア人医師と樺太に送られた日本人捕虜が仲良くなり、日本人捕虜から譲り受けたものだそうだ。旗には41名の日本人の名と「祈　武運長久」の文字が記されている。

ラトビアで出会った日の丸に驚いた

この日の丸が世に出ることになったのは、ラトビアがソ連崩壊後に独立した1991年以降のことのようだ。それまで敵国だった日本の物を持っていることはご法度で、ラトビア人医師も隠してラトビアまで持ち運んだようだ。

ナチス・ドイツに占領された時期もあるが、ラトビアにとってソ連、現在のロシアに対する感情の方がかなり大きいのだろう。街を歩いていると、建物の窓にウクライナ国旗を貼っている光景が目についた。

俺が帰国してから、こんな記事を見つけた。

［2022年8月26日、AP通信］バルト海

東岸ラトビアの首都リガで解体が進むソ連時代に建てられた戦勝記念碑が８月25日、２台の重機によって土台から倒された。首都リガの「戦勝公園」に建つ高さ80メートル、先端にソビエトの星をあしらったコンクリート製のオベリスクは、ラトビアがまだソビエト連邦に併合されていた１９８５年に、赤軍がナチス・ドイツに勝利したことを記念して建設されたもの。

記念碑の基部には、３人の赤軍兵士像と、その反対側で両腕を高く掲げた「祖国」を象徴する女性像があったが、これも撤去された。

これは、ラトビアからロシアへの決別を表しているのだと思えた。

第9章

KGBによる支配を受けた『リトアニア』

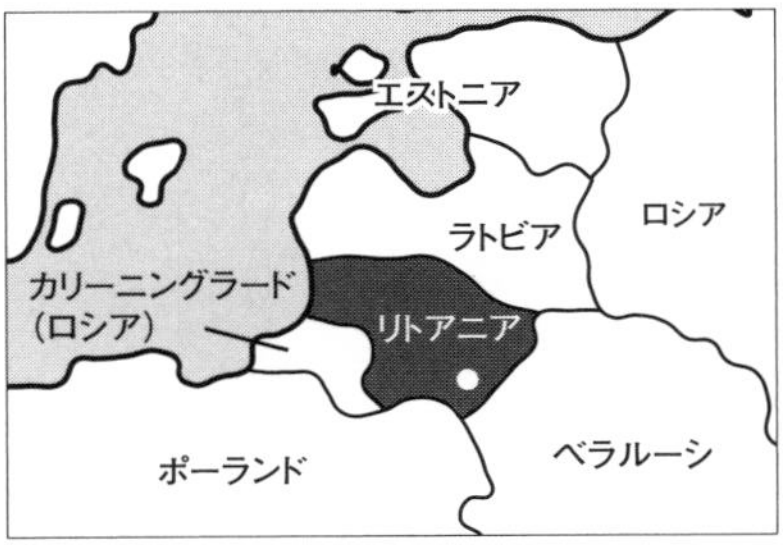

面積：約6.5万km^2
人口：約281.1万人（2021年）
首都：ビルニュス（※○の場所）
通貨：ユーロ

複雑な地政学

リトアニアはバルト三国の最も南側にあり、ヨーロッパ全体から見ると北東部に位置し、バルト海に面している。北はラトビア、東はベラルーシ、南はポーランドおよびロシアの「飛び地」カリーニングラードと国境を接している。極めて複雑で重要な場所にある国だ。

敵性国であるベラルーシ、そしてロシアの飛び地のカリーニングラードに囲まれているため、ウクライナ侵攻が勃発したことでリトアニア国民はナーバスになっただろう。もしロシアがウクライナを簡単に制圧していたら、その勢いで両軍が押し寄せてきた可能性も否定できない。

ちなみに「飛び地」とは、「ある行政区画に属しながら、主地域から離れて他の区域内にある土地」(goo辞書)のこと。つまりロシア本土と離れているロシアの領土だ。

俺は2017年にロシアを取材旅行した時にカリーニングラードを訪れたことがある。そこは西側のどこにでもあるような美しい街で、それでいて所々にソ連的な建物などがあって面白かった。元々ここは、13世紀半ばにドイツ騎士団が街を築き「ケーニヒスベルク」と名付けた土地である。第二次世界大戦でドイツに勝利したソ連が戦利品としてこの土地を奪って、カリーニングラードと改名した。終戦後はソ連を構成するロシア共和国の一部にカリーニングラードが組み込まれた形であり、同じソ連邦の中にあったので特に問題がなかった。

しかし、ソ連崩壊後にバルト三国がそれぞれ独立をしたため、カリーニングラードは陸の孤島のように取り残される形となって現在に至るというわけだ。ちなみに5年前までは飛行機で行く場合は、なぜか必ずモスクワを経由しなければならなかった。

ビルニュス行きのバスはVIP

リトアニアの首都のビルニュスに向かうため、リガの中央市場の近くにあるバスターミナルからバスに乗り込む。俺の席はカーテンで仕切られてテーブルが付き、席もやたらと広い。ネットでチケットを取ったのだが、何かの間違いでこのVIP席を選んでしまったのだろう。それでも運賃は4000円ぐらいだし、4時間も乗っているので文句はない。隣にラトビア人の青年が乗ってきた。彼はビルニュスにいる友達に会いに行くそうだ。

バスは定刻通りに出発。田園地帯を抜け平地が続く単調な景色にはすぐに飽きてしまい、いつのまにかウトウトしていたようだ。1時間ぐらい寝ていたようで、目が覚めてスマホの地図を見ると既にリトアニアに入国している。ラトビアとリトアニア間は自由に行き来ができるようで、審査などは何もない。

ビルニュスは国土の南東にあり、ベラルーシとの国境が目と鼻の先にある。この旅を企画した当初はベラルーシにも行く予定を立てていた。ワルシャワから安いフライトも出ていた。だが、ベラルーシに対する制裁でポーランド航空が運航を停止し、行けるルートはトルコ航空のイスタンブール経由だけになった。値段は往復で15万円。とても無理だ。さらにポーランド政府が、ベラルーシから来る日本国籍者は入国拒否すると発表していたため、今回の旅ではベラルーシ行きを諦めることになった。

隣国・ベラルーシの歴史

ベラルーシに行くことはできなかったが、事前に調べていたベラルーシの歴史について簡単に記しておきたい。

ベラルーシは1991年に独立した新興独立国だ。国名のベラは「白」、ルーシは「ロシア」を意味するのでかつて日本では「白ロシア」と呼ばれていた。世界的芸術家のシャガールを生んだ国でもある。

ロシア、ウクライナ、ポーランド、リトアニア、ラトビアと国境を接し、海洋には面していない内陸国。国土面積は日本の半分強ほどで、人口は約９２６万人（２０２２年1月、ベラルーシ共和国国家統計委員会）だ。人口のピークは１９９３年の１０２４万人だったが、それ以降は出生率の低下と海外流出があり、減少の一途を辿っている。７割の国民がロシア語を話している。

産業としては原料を輸入し製品を輸出する工業が盛んだが資源には恵まれず、エネルギー自給率は1割程度。ロシアに天然ガスと石油の大部分を依存している。

１９４１年にドイツが独ソ不可侵条約を破ってソ連領へ進撃を始め、８月末にはベラルーシはドイツの占領下に入った。ドイツの占領は3年にもなり、国土は疲弊した。国富の半分が失われたとも言われ、この被害への配慮もあり、ソ連邦の一構成共和国にすぎなかったベラルーシは、ウクライナと共に国際連合の現加盟国にも加えられた。

戦後のベラルーシは見事に復興を遂げ「ソ連の組み立て工場」と称されるようになる。ソ連時代のベラルーシは天然ガスや石油といった原材料をロシアから輸入し、機械などの製品をロシアなどに輸出する「加工基地」だった。

ソ連の模範国家だったベラルーシだが、１９８５年のペレストロイカ、86年のチェルノブイリ原発事故で甚大な被害を受けたことを経て、方針を改めるようになる。１９９１年9月、正式名称が「白ロシア・ソビエト社会主義共和国」から「ベラルーシ共和国」となった。

1991年12月までに、ソ連を形成していた12の共和国は一斉に独立を果たした。ベラルーシの独立は歴史上初めてで、戦争、市民運動、国の努力で勝ち取ったというのではなく、棚ぼた式に独立を手に入れたことになった。

ベラルーシを率いているのは独裁者の〝ミニ・プーチン〟こと、ルカシェンコ大統領である。彼はベラルーシ軍をロシア軍と共にウクライナとの国境付近に配置したりと、親ロシア派のため西側からいろいろと制裁も受けている。しかし一方で、ベラルーシ国民の反発の声も大きく、ルカシェンコはプーチンからの軍事支援要請に対して応じないとの考えもある。ベラルーシの今後の動向に目が離せない。

なお、ベラルーシ人を一言で言えば「穏やかでまじめ」。仕事への態度も勤勉のようだ。

ビルニュスは寒かった

リトアニアの人口は約281・1万人で、首都のビルニュスの人口は約55万人だ（いずれも2021年、リトアニア統計局）。公用語はリトアニア語だが、ロシア語が通じるし、英語を話

中世と現代が融合したように見える美しい街

せる人も多い。観光しやすい街だ。

ビルニュスに着いたこの日は曇りで気温が低く、今回の旅で昼間の気温が20℃もないのは初めてだった。バスターミナルから宿まで歩いて移動する。案内された部屋は離れの建物にある二階で、駅が近いためときどき電車が通るのも見える。

リトアニアはロシア本土と「飛び地」のカリーニングラードを結ぶ鉄道貨物輸送の制限を始めた。リトアニアを経由しなければ列車で荷物を搬入することができないので、ロシアにはかなり痛手である。ロシアは対抗措置も辞さないと怒っているが、ＮＡＴＯに加盟しているリトアニアは強気な姿勢だ。また、乗客を乗せたモスクワ発カリーニングラード行きの列車については、乗客は勝手にビルニュスのホームに降りることはできないものの、窓から外の景色を見ることはできる。リトアニア国民がロシアからの乗客に対し、ウクライナの空爆で犠牲になった人の悲惨な写真やポスターなどを掲げて訴えていたのが印象的だった。

KGBジェノサイド博物館

1943年4月、ナチス・ドイツは占領したソ連領内にあるカチンの森で、1940年4月頃に殺害されたと思われる4443人の射殺死体が埋められた穴を発見した。

ソ連内の収容所に入れられていた戦争捕虜のポーランド人将校1万数千人が、ソ連共産党政治局の決定により虐殺されたのだ。これはポーランド軍に属する将校の約半分にあたり、犠牲者の遺体はカチンの森を含めて3か所に埋められた。

1944年1月にその地を取り戻したソ連が「1941年夏にドイツが虐殺した」という捏造の報告書を発表した。そもそもドイツはその頃はカチンを占領していない。その後ポーランドがソ連の衛星国になったためにこの事件はタブーになってしまったが、1990年、ソ連のゴルバチョフ政権が罪を認めてポーランドに謝罪をした。

このようなソ連による虐殺がリトアニアでも実行されていた。

ビルニュスの宿に荷物を置き、さっそく街に出ることにした。時刻は15時前、まだ時間があるので真っ先にＫＧＢジェノサイト博物館へ向かう。

首都のビルニュスは世界遺産に登録され、その美しさから「小さなローマ」と呼ばれているようだ。旧市街は迷路のように入り組んで石畳になっている。目的の博物館は旧市街から少し離れた場所にあった。

リトアニアはバルト3国の中でも、ドイツやソ連による犠牲が最も多かった。ＫＧＢジェノサイド博物館は、リトアニアを支配していたナチス・ドイツが実際に収容所として使い、その後はソ連の秘密警察ＫＧＢが引き継ぎ１９４１年から91年までの50年間にわたって本部が置かれていた。現在は、リトアニア人に対して監視、尋問、拷問、投獄、処刑と悪の限りを尽くした恐怖政治の実体を伝えているヨーロッパ最大級の博物館だ。

展示は大きく分けて3つある。ナチス・ドイツによるユダヤ人のホロコースト、ＫＧＢとソ連による迫害、そして独立を信じていたリトアニア人の抵抗だ。

ユダヤ人のホロコーストというとポーランドが印象的かもしれないが、リトアニアでも多くの

ＫＧＢジェノサイド博物館の入口（右）と座ることもできない狭い部屋（左）

ユダヤ人がナチス・ドイツの犠牲になっている。ＫＧＢによるリトアニア人迫害の記録もたくさんあり、シベリアに抑留された者も多いようだ。それらの写真の展示を見て地下に降りる。

地下には刑務所兼拷問室があった。湿度もあるし不気味で少し怖い。ＫＧＢにマークされここに連れて来られた人たちは、絶望的な気持ちになるだろう。ソ連はナチス・ドイツのホロコーストなどを非難していたが、どの口が言えるのだろうか。

展示の説明によると、牢獄に連れて来られた人たちは身ぐるみを剥がされ、指紋と顔写真をとられる。

最初の数日間は座ることもできない狭い牢屋に頻繁に入れられる。座れないだけでなくトイレも食事も許されなかった。閉所が苦手な俺がここに入れられたら、数時間で気がおかしくなるか、呼吸困難になってしまうかもしれない。ここは人間としての尊厳を奪い、収容者の人格を破壊し、抵抗する気力を削ぐことが目的の部屋のようだ。

１９４０年、リトアニアはエストニア、ラトビアと共にソ連に併合された。第二次世界大戦中には一時ナチス・ドイツにも占領され、ドイツの敗戦によりやっと解放されるかと思えば再びソ連に占領され、「リトアニア・ソビエト社会主義共和国」としてソ連邦の一共和国になった。

スターリン時代の１９４０年代～50年代前半は、リトアニア人にとって不幸の時代だった。夜になると警察が来訪し、罪を犯していなくても、社会主義やソ連にとって好ましくないと判断されたら逮捕されてシベリアに送られた。

よく「シベリア送り」などと記載されるが、俺はかつて冬のシベリアに行ったことがある。気温マイナス20℃というのは当たり前で、風が吹くため体感気温はそれより低い。現代の防寒具として温かい長いソックス、ヒートテックのタイツ、ズボン、Ｔシャツ、ヒートテック、セーター、ユニクロのライトダウン、厚手のダウンジャケット、ニット帽、手袋、そしてカイロを足の裏、足、背中に貼り付けていたのだが、それでなんとか外でも過ごせる寒さだった。それに比べ、当時の服は薄くて粗末。栄養状態も最悪な状態で極寒の中に放り出され、強制労働をさせられる。過労や餓死で亡くなる人が多いのも当然だ。

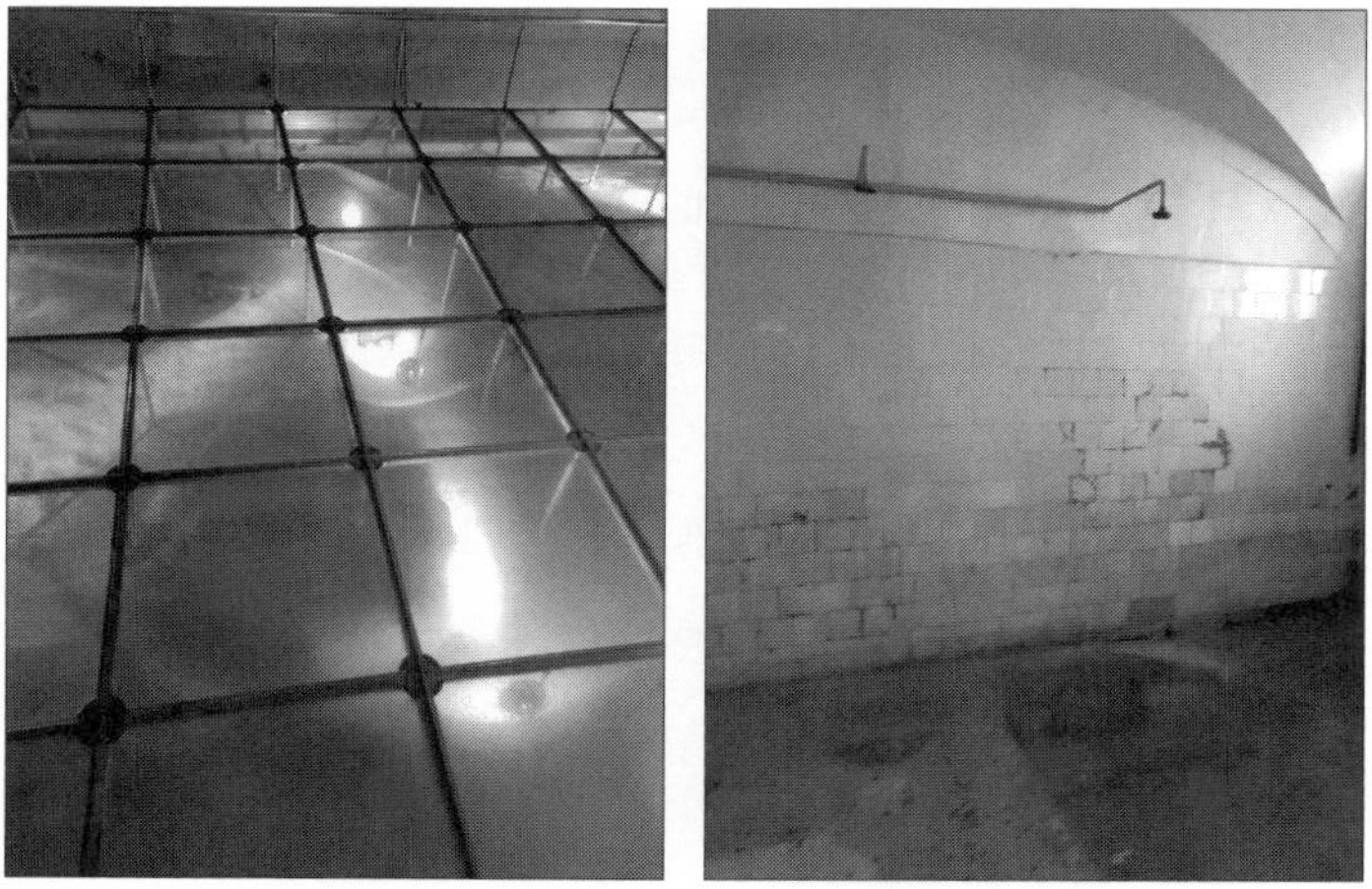

簡素すぎるシャワールーム（右）と重苦しい処刑場（左）

悲痛な叫びが聞こえそうな処刑場

収容者が寝る部屋の近くにはトイレが3つあった。隠すものは何もない。トイレは1日にわずか1回、しかも5分間しか許されない、「地獄」という言葉がぴったりの状況だ。皆がその5分に殺到するだろうし、漏らしてしまったり、体を壊したりしても仕方ない。人間扱いをされなかったということだ。次にシャワールームがあって、衛生上の問題から月に1回だけ使用を許された。

中庭から下に降りると、鳥肌が立つ場所があった。「処刑場」だ。中に入ると当時の銃殺刑を伝えるビデオが流れている。男たちがこの場所に運ばれて、頭を撃ち抜かれて血がドボドボと流れる。処刑人は機械的に、次から次へ無表情で人を撃っていく。この展示を見ているのは俺1人しかおらず、とても辛くなった。何よりも人を殺すという行いが業務的に流れ作業になっているのが一番怖い。この場所では人骨も見つかっていて、血痕や銃弾の後も残っている。ここだけで1000人以上の命が奪われたようだ。

地上に戻り次の展示に向かう。ＫＧＢ職員が電話を盗聴していたと思われる部屋があり、そこには備品やスパイ用カメラ、毒ガス用マスク、殺人道具などが並べられている。

この博物館は心身ともに疲れて暗い気持ちになるが、リトアニアの歴史を知るためにぜひ行ってほしい場所だ。体制を維持するためとはいえ、どうしてこんなに残酷なことができるのかと考えてしまうほど、恐ろしいソ連政府の体質がわかる。

スターリンの死後は大々的な逮捕は少なくなり、リトアニアのインフラ整備なども進んだが、独立運動やソ連に対する反対運動などには厳しい取り締まりが続いたようだ。

リトアニアのロシアへの対応

ロシアのウクライナ侵攻を受けてリトアニアの人々も怒りをあらわにした。支配された歴史やロシア・ベラルーシ両国に挟まれている地理の面からも他人事ではいられない。リトアニア人が少なからず神経をとがらせているのは当然のことだ。

リトアニアとその国民は、ウクライナとの連帯を表明し独裁者に抵抗する姿勢を見せている。侵攻開始から間もない2022年3月5日には国境の向こう側のベラルーシからも見えるように20メートルの長さのウクライナ国旗をつけた8機の熱気球がビルニュス上空に上がった。リトアニアはEUの国々の中でも特に、ロシアやベラルーシに対してより厳しい制裁措置を訴えてきた。

日本も知らないふりをしていられないはずだ。現在も北方領土問題は解決できていないままだが、一歩間違えればロシア（ソ連）の支配下になっていたかもしれない。また、樺太（サハリン）も元々は日本の領土だったが、1875年に樺太・千島交換条約を押し付けられ、日露戦争に勝つまでの間、日本は樺太を奪われてしまった。当時の日本とロシアの国力の差を考えるとやむなしだが、1つボタンを掛け違えていたら樺太だけでなく北海道も奪われていたかもしれない。

そして1945年8月9日、ソ連は日ソ中立条約を破って南樺太や満州に侵攻した。日本の共産化を恐れたアメリカやイギリスなどに反対されて北海道は奪われずに済んだが、北海道もソ連に占領されてバルト三国のような状況になっていた未来もあったかもしれないのだ。

あとがき

今回訪れた9カ国に共通していたことがある。ウクライナの立場に同情的で、ロシアのことを嫌い、歴史や国の成り立ちにおいて旧ソ連に強い影響を受けていたという点だ。

例えばハンガリーはハンガリー動乱でソ連軍に攻撃され、それ以降、軍事的・精神的な支配を受けてきた。ルーマニアの独裁者・チャウシェスクは他の東側諸国に対するソ連の介入を見て、自国が強くならなければいけないと富国強兵政策を始めた。ブルガリアの独裁者・ジフコフはソ連が大好きで徹底的に見習い、国を安定させようとした。モルドバはソ連によって造られたようなもので、沿ドニエストル共和国もソ連の後押しがないと存在できない。ポーランドは長年確執があり、ラトビア、リトアニアなどは長い間ソ連の支配に苦しめられてきた。

ウクライナもソ連時代から大戦の橋頭堡《きょうとうほ》にされて多くの犠牲者を出し、さらにスターリンの政策による大飢饉でとんでもない数の死者を出した。

ウクライナやロシアの周辺国を巡ったが、ソ連の存在を常に感じてしまう旅であった。

また、久しぶりに海外に行けて、改めて「旅はいいな」と再認識した。時間と金があっても当たり前に旅に出ることができない状況を一度経験したため、旅の楽しさを噛みしめた。

ヨーロッパ各国への入国は問題なかったが、帰国72時間前のPCR検査はとても心配だった。もし陽性の結果が出た場合、元気でも日本に入国できない。いつまでこんな下らないことを日本はやっているんだと頭にきたが、ルールを守らなければ日本に入れないので、ワルシャワ・ショパン空港の前にある検査機関で1万5000円払って検査を受けた。

俺はこの時、かなり元気で体力もありあまっていたが、一抹の不安があった。ワルシャワで1回熱を出しているのだ。梅田さんとは途中で別れた後も頻繁にやり取りしていたのだが、彼が「ずっと喉の調子が悪く、痰も出ます。風邪の後にこのような後遺症は経験ないので、あれはコロナですよ」と伝えてきた。俺は梅田さんと同じ部屋にいたし、俺の熱もそうだったのかもしれない。日本にいる友人、知人は何人もコロナに罹ったが、聞いた症状で多かったのは「1日だけ熱が出たけど後は大丈夫」というもので、俺もそうだ。

その場合、懸念されるのは完治した後でも陽性反応が出てしまうことだ。ポーランドには隔離義務はなく、陽性になっても制限を設けていない国には自由に入国ができる。しかし、日本への帰国がままならなくなるのは確実だ。もし、陽性だったらどうすればいいのか……。

そんなことを考えていると前日は不安でよく眠れなかったが、フライト当日の9時に結果を聞きに行くと「陰性」ということで無事に帰国できることになった。

旅に同行してくれた3人のうち、フケさんは帰国してから体調を崩し、検査したらコロナだった。だが1週間休んで元気になり、その後もタイ、北海道を旅している。吉田社長は帰りもフケさんと行動を共にしていたので念の為に検査を受けたが陰性で、帰国2週間後にハワイに遊びにいっていた。

梅田さんは俺と別れた後、オーストリア、ドイツを周り、マレーシアに行って奥さんと合流。マレーシアを満喫して帰国する前日に奥さんが体調を崩してしまい、嫌な予感とともに帰国前PCR検査をしたら奥さんが陽性だったそうだ。奥さんを1人置いていくわけにもいかないので、帰りのチケットを捨ててタワーマンションで自主隔離をしていると、今度は梅田さんも翌日から高熱を出した。奥さんが回復した後も梅田さんの体調は悪く、その後もしばらく陽性反応が出るだろうし、しばらくマレーシアで療養をして、陸路でタイに入ってから帰国した。

旅はやはりいいものだ。旅はいつでも行けるわけではない。家庭の事情、年齢、病気などで行けない時が必ずやってくるので、行きたいと思ったら少し無理してでも出かけて、旅を楽しんでもらいたい。そして一刻も早く、ウクライナに平和が訪れることを願ってやまない。

少しでもこの本が旅の楽しさを伝えられていたら、著者にとってこれほど幸福なことはない。

■参考文献

『ベラルーシを知るための50章』服部倫卓、越野剛／明石書店

『ポーランドの歴史を知るための55章』渡辺克義／明石書店

『ブルガリアの歴史』R・J・クランプトン（著）高田有現、久原寛子（翻訳）／創土社

『ルーマニアを知るための60章』六鹿茂夫／明石書店

『地球の歩き方　ブルガリア　ルーマニア　２０１９～２０２０』地球の歩き方編集室／学研プラス

『おそロシアに行ってきた』嵐よういち／彩図社

・東洋経済ONLINE「ウクライナ支援にポーランドが全力を尽くす理由」
https://toyokeizai.net/articles/-/586352

・NHK NEWS WEB「リトアニア　ロシア～カリーニングラード間の鉄道貨物輸送制限」
https://www3.nhk.or.jp/news/html/20220622/k10013683291000.html

・株式会社明治「明治ブルガリアヨーグルト」
https://www.meijibulgariayogurt.com/about/yogurtbook.html

【著者略歴】

嵐よういち

1969年生まれ。東京都杉並区出身。独身。

20歳からイギリス、アメリカと留学（遊学？）して、その後、面白い写真を求めて海外を放浪する。90ヶ国以上を渡り歩く。

特に好きな地域は南米。

著書に『海外ブラックロード―危険度倍増版―』『海外ブラックロード―最狂バックパッカー版―』『海外ブラックマップ』『南米ブラックロード』『アフリカ・ブラックロード』『海外ブラックロード―スラム街潜入編―』『海外ブラックロード―南米地獄の指令編―』『世界中の「危険な街」に行ってきました』『世界「誰も行かない場所」だけ紀行』『未承認国家に行ってきた』『おそロシアに行ってきた』（いずれも小社）などがある。

哲学――楽しくなけりゃ、人生じゃない。

ウクライナに行ってきました
ロシア周辺国をめぐる旅

2023年2月20日　第一刷

著　者　　嵐よういち

発行人　　山田有司

発行所　　株式会社　彩図社
東京都豊島区南大塚3-24-4
MTビル　〒170-0005
TEL:03-5985-8213　FAX03-5985-8224

印刷所　　シナノ印刷株式会社

URL: https://www.saiz.co.jp
https://twitter.com/saiz_sha

© 2023. Youichi Arashi Printed in Japan.　ISBN978-4-8013-0645-5 C0026

落丁・乱丁本は小社宛にお送りください。送料小社負担にて、お取り替えいたします。

定価はカバーに表示してあります。

本書の無断複写は著作権上での例外を除き、禁じられています。